POLYGLOTT

NORWEGEN

ON TOUR

DER AUTOR

CHRISTIAN NOWAK

zieht es immer wieder von Berlin in den Norden.
Besonders gerne und häufig ist er in Norwegen unterwegs,
denn das Land fasziniert ihn zu jeder Jahreszeit. Er hat es
unzählige Male bereist und entdeckt doch immer wieder Neues.
Christian Nowak ist Mitglied des Berliner Büros
»Die Reisejournalisten«.

W0173514

Unser E-Book-Code zur elektronischen Erweiterung des
POLYGLOTT on tour. Das kostenlose E-Book enthält die im
Reiseführer aufgeführten Adressen entlang der Touren,
beispielsweise zu Essen und Trinken, Shoppen, Aktivitäten
und Hotel-Tipps. Links auf einen externen Kartendienst
vereinfachen das Auffinden dieser Adressen.

WWW.POLYGLOTT.DE

SYMBOLE ALLGEMEIN
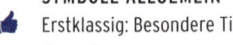
Erstklassig: Besondere Tipps der Autoren

Seitenblick: Spannende Anekdoten zum Reiseziel

Top-Highlights und
Highlights der Destination

TOUR-SYMBOLE		**PREIS-SYMBOLE**	
❶ Die POLYGLOTT-Touren		Hotel DZ	Restaurant
❻ Stationen einer Tour	€	bis 1000 NOK	bis 200 NOK
A1 Die Koordinate verweist auf die Platzierung in der Faltkarte	€€	1000–2000 NOK	200–300 NOK
a1 Platzierung Rückseite Faltkarte	€€€	über 2000 NOK	über 300 NOKR

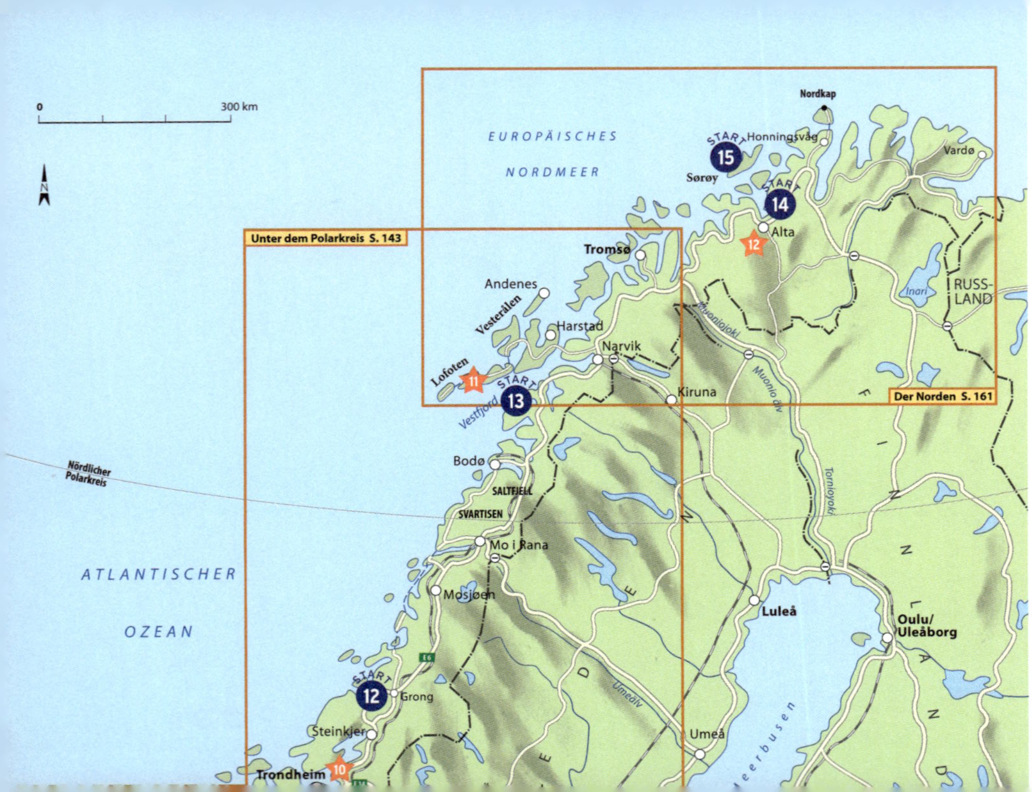

Perfekte Planung > Parallel vordere Klappe aufschlagen

TOP-12-HIGHLIGHTS

Der Norden S. 161

Unter dem Polarkreis S. 143

EUROPÄISCHES NORDMEER

ATLANTISCHER OZEAN

Nördlicher Polarkreis

RUSSLAND

FINNLAND

SCHWEDEN

NORWEGEN

Nordkap

Vardø

Honningsvåg

Alta

Sørøya

Tromsø

Andenes

Vesterålen

Lofoten

Narvik

Harstad

Bodø

Mo i Rana

Mosjøen

Grong

Steinkjer

Trondheim

Kiruna

Luleå

Umeå

Oulu/Uleåborg

Tornioälv

Muonio älv

SALTFJELL

SVARTISEN

300 km

ZEICHENERKLÄRUNG DER KARTEN

- beschriebene Region (Seite=Kapitelanfang)
- **10 E h** Sehenswürdigkeiten
- **4** Tourenvorschlag
- Autobahn
- Schnellstraße
- Hauptstraße
- sonstige Straßen
- Fußgängerzone
- Eisenbahn
- Staatsgrenze
- Landesgrenze
- Nationalparkgrenze

Vestkapp
Stryn
Bergen
Voss
Haugesund
Karmøy
Stavanger
Mandal
Kristiansand
Grimstad
Tvedestrand
Risør
Skien
Kongsberg
Drammen
Hønefos
Hedal
Uvdal
Geilo
Fagernes
Flåm
Vøringfoss
Gudvangen
HARDANGER-VIDDA
JOTUNHEIMEN
JOSTEDALS-BREEN
Dombås
Tynset
Røros
Lillehammer
Hamar
Elverum
Oslo
Tønsberg
Fredrikstad
Moss

Oslo und Umgebung S. 66

Der Süden S. 83

Sundsvall
Gävle
STOCKHOLM
Örebro
Norrköping
Jönköping
Göteborg
Läsö
KOPEN-HAGEN
Malmö
Bornholm

Lillhåogen
Jyväskylä
Tampere
Turku/Åbo
Helsinki
Tallinn
Pärnu
Riga
ESTLAND
Hiiumaa
Saaremaa
LETTLAND
LITAUEN
RUSSLAND
Kaliningrad
Danzig
POLEN

Bottnisch
Åland
Gotland
Öland
OSTSEE
Vättern
Vänern
Kattegat
Skagerrak
NORDSEE
DÄNEMARK
DEUTSCHLAND
Düna

Das Fischerdorf Reine auf der
Lofoten-Insel Moskenesøy

TYPISCH

NORWEGEN IST EINE REISE WERT!

Was für ein Land! Unendlich lang und vielfältig wie kein anderes in Europa erstreckt sich Norwegen von den fast mediterran anmutenden Schären im Süden bis zum arktisch-kargen Nordkap, das weit jenseits des Polarkreises liegt.

CHRISTIAN NOWAK
zieht es immer wieder von Berlin in den Norden. Besonders gerne und häufig ist er in Norwegen unterwegs, denn das Land fasziniert ihn zu jeder Jahreszeit. Er hat es unzählige Male bereist und entdeckt doch immer wieder Neues. Christian Nowak ist Mitglied des Berliner Büros »Die Reisejournalisten«.

»Ja, vi elsker dette landet!« – Ja, wir lieben dieses Land! So beginnt die norwegische Nationalhymne, verfasst vom späteren Nobelpreisträger Bjørnstjerne Bjørnson. Auch wenn die folgenden, ziemlich pathetischen Zeilen heute vielleicht nicht mehr jedermanns Geschmack sind, gibt es wohl kaum einen Norweger, der nicht der ersten Zeile aus ganzem Herzen zustimmen würde. Vielen Norwegenfans, und auch mir, geht es ähnlich.

Strand in der Bucht Kvalvika bei Fredvang
auf der Lofoten-Insel Moskenesøy

Schon bei der ersten Reise, die mittlerweile Ewigkeiten zurückliegt, habe ich mich mit dem Norwegenvirus angesteckt. Seitdem hat es mich immer wieder nach Norden gezogen, schon ein Jahr der Abstinenz lässt die Sehnsucht nach den baumlosen Fjells, wilden Fjorden, ungebändigten Flüssen, klaren Seen und endlosen Wäldern übermächtig werden. Die Regentage mit bleiern grauem Himmel, die auch im Sommer nicht ausbleiben, vergesse ich dagegen immer schnell. Im Gedächtnis bleiben hingegen die hellen Nächte mit dem sanften Licht der Mitternachtssonne und eine grandiose Natur fast ohne Zivilisationsnarben.

Nyksund, ein Fischerdorf an der Nordwestspitze der Vesterålen-Insel Langøya

Tief beeindruckt haben mich die erste Begegnung mit den urtümlichen Moschusochsen auf dem Dovrefjell, die Gletscherzungen des Jostedalsbreen, die Aussicht von der Felskanzel des Prekestolen auf den Lysefjord, der weite Blick vom höchsten Gipfel des Rondane-Gebirges oder das Auftauchen der Lofoten-Wand aus dem Meeresdunst über dem Vestfjord. Diese Aufzählung könnte ich endlos fortsetzen.

Auch wenn die Fahrt bis über den Polarkreis kein Ende nehmen will, zieht es mich doch immer wieder auf die Lofoten. Denn dort wartet eine Landschaft wie aus dem Märchen: bizarre Berge, dunkel drohend oder mit sattem Grün überzogen. Strände von karibischer Schönheit mit weißem Sand und türkisfarbenem Meer, nur die Palmen fehlen zum vollkommenen Glück. Und das Wasser könnte doch gerne ein paar Grad wärmer sein. Dafür gibt es Dörfer wie Postkartenmotive, gesprenkelt mit roten Ruderhäusern, den *rorbuer*, die auf hölzernen Pfählen im Wasser stehen, und Häfen, in denen die Fischerboote schaukeln. Grindwale wagen sich fast bis ans Ufer, Seeadler kreisen am Himmel und Schafe grasen auf grünen Wiesen.

Wenn dann noch die Mitternachtssonne scheint, ist das Glück vollkommen und ich möchte ewig bleiben. Jede Annäherung der Sonne an den Horizont hat ihren ganz eigenen Reiz. Oft verschwindet sie kurz über dem Horizont hinter einem dünnen Dunstschleier und das Licht wird fahl. Ein anderes Mal strahlt sie zwar kräftig, aber ihr Licht wird von der Atmosphäre regelrecht verschluckt. Doch manchmal verzaubert sie kurz vor Mitternacht die Landschaft mit ihrem dunklen Rot, so als ob alles von innen glühen würde. Das sind die seltenen Augenblicke der vollkommenen Harmonie, die ich am liebsten an einem Strand im hohen Norden genieße.

Die Felsklippe Trolltunga bei Tyssedal im Fjordland

Egal, zu welchem Schauspiel sich die Sonne entschließt, immer legt sich um Mitternacht die Ruhe der Nacht wie ein Schleier über die Landschaft, auch wenn es noch taghell ist. Diese hellen Nächte bereiten vielen Schlafprobleme, mich dagegen machen sie süchtig. Schon die erste dunkle Nacht auf dem Rückweg nach Süden erfüllt mich deshalb mit Sehnsucht nach den 24-Stunden-Tagen.

Die norwegische Landschaft fasziniert, doch auch die Städte lohnen einen näheren Blick, vor allem die Hauptstadt Oslo. Das war nicht immer so. Ich erinnere mich noch gut an meine ersten Besuche zu einer Zeit, als beispielsweise Aker Brygge noch eine Industriebrache war. Die Lage am Fjord war damals einmalig, und daran hat sich bis heute nichts geändert. Skilaufen, wandern und baden in den Wäldern der Oslomark und im Fjord: ein absolutes Highlight! Ansonsten merkte man der Stadt aber an, dass sie am Rande Europas liegt. Die Restaurantszene damals: eher mager. Kneipen, Kultur und Szene: ziemlich langweilig. Was hat sich seitdem nicht alles getan, mit viel Geld sind neue Stadtteile entstanden, und wer heute gut essen und ausgelassen feiern möchte, hat reichlich Auswahl – wenn nur nicht alles so teuer wäre!

Norwegen ist ein Land mit vielen Gesichtern, die mich immer wieder aufs Neue überraschen und faszinieren. Vor allem sind es die unzähligen Möglichkeiten, die Natur zu erleben. Dabei hat jede Jahreszeit ihren ganz speziellen Reiz: Im Winter beindruckt die Einsamkeit der tief verschneiten Gebirge, im Frühjahr das kraftvolle Aufblühen der Vegetation, im Sommer die Mitternachtssonne und im Herbst das kurze Aufflammen des Indian Summer. Dies sind für mich die besten Argumente, immer wieder gen Norwegen aufzubrechen!

WAS STECKT DAHINTER?

Die kleinen Geheimnisse sind oftmals die spannendsten. Hier werden die Geschichten hinter den Kulissen erzählt.

WARUM LIEBEN DIE NORWEGER SCHWEDENWITZE?

Nachbarn erzählen gern Witze übereinander, die Holländer und die Österreicher etwa über die Deutschen und natürlich umgekehrt. Ebenso ist es mit Norwegern und Schweden. Doch die Norweger nehmen das Witzeerzählen etwas ernster als die Schweden. Ein Grund dürfte in der gemeinsamen Geschichte liegen, denn der große Nachbar führte sich jahrhundertelang wie eine Weltmacht auf, während man in Norwegen Mühe hatte, satt zu werden, und in einer unfreiwilligen Union der Juniorpartner war. Diese Rivalität zeigt sich heute besonders beim Skilanglauf, dessen Erfindung die Norweger bekanntlich für sich reklamieren. Besser als Schweden muss man im Medaillenspiegel sein, dann ist alles gut. Meist gelingt Norwegen das sogar, was mit einem süffisanten Lächeln und ein wenig Schadenfreude genüsslich zur Kenntnis genommen wird.

WARUM IST BENZIN IN NORWEGEN SO TEUER?

Norwegen ist ein teures Land, nicht nur für Besucher, auch Einheimische stöhnen über die hohe Steuerlast. Ein Grund sind die extrem hohen Lohnkosten und die niedrigen Jahresarbeitszeiten. Doch Norwegen ist auch eines der größten Erdölför-

derländer, könnte dies denn nicht zu moderateren Benzinpreisen führen? Nein, denn der Staat legt den größten Teil der Erdöleinnahmen in einem Fonds für zukünftige Generationen an, wenn das Erdöl mal nicht mehr sprudeln wird.

Den Begriff Staatsverschuldung kennt man in Norwegen nicht, das Land zählt nicht nur in der Gegenwart zu den reichsten, und durch diese vorausschauende Politik muss den Norwegern auch vor der Zukunft nicht bange sein.

WIE ENTSTAND DAS LOCH IM BERG TORGHATTEN?

Der hutförmige Berg vor der Küste bei Brønnøysund weist gut 110 m über dem Meeresspiegel ein weithin sichtbares Loch von 35 m Höhe und bis zu 20 m Breite auf, das einen ca. 160 m langen Durchlass bildet. Der Volksglaube hält das Loch für das Werk von Riesentrollen, die Wissenschaft hat eine recht nüchterne Erklärung: Während der letzten Eiszeit wurde das Land durch das ungeheure Gewicht des Eispanzers so tief eingedrückt, dass sich der Teil des Berges mit dem heutigen Loch in Höhe des Meeresspiegels befand. So konnten Wind und Wellen ein Loch auswaschen. Nach dem Abschmelzen des Eises hob sich das von der Last befreite Land wieder – bis heute um mehr als 110 m.

50 DINGE, DIE SIE …

Hier wird entdeckt, probiert, gestaunt, Urlaubserinnerungen werden gesammelt und Fettnäpfe clever umgangen. Diese Tipps machen Lust auf
mehr und lassen Sie die ganz typischen Seiten erleben. Viel Spaß dabei!

… ERLEBEN SOLLTEN

**1 Mit Huskys durch die Winter-
landschaft** Erfahrene Musher vermitteln das notwendige Know-how,
bevor man mit der kläffenden Husky-Meute im eigenen Gespann auf
Tour durch die winterliche Wildnis
geht. Hundeschlittentouren werden
zum Beispiel von Sven Engholm in
Karasjok K3 angeboten (www.eng
holm.no, 5 Tage ab 12 000 NOK).

2 Wilder Ritt auf der Sjoa Der
Fluss Sjoa im Heidal C11 bietet
ein ideales Revier zum Raften. Die
Fahrt mit den großen Schlauchboo-
ten durch die Stromschnellen ist ein
großartiges Erlebnis (www.sjoarafting.
com, Kurztrip ab 825 NOK).

3 Spuren im Schnee Unauslösch-
liche Eindrücke erfährt, wer sich zu
einer Skitour durch das norwegische Fjell aufmacht. Wer noch nicht
so viel Erfahrung mit den breiten
Brettern hat, ist gut bei den Angeboten des Bergvereins DNT aufgehoben (Infos und Preise unter www.dnt.no).

**4 Mit den Norwegern den Nati-
onalfeiertag feiern** Am 17. Mai gibt
sich das Königshaus besonders
volksnah, denn dann steht die roya-
le Familie auf dem Balkon des Osloer Schlosses › S. 72 und winkt den
Fähnchen schwenkenden Schulkin-
dern zu. Kommen Sie unbedingt
rechtzeitig, denn an diesem Tag ist
die ganze Stadt in Feierlaune. Feiern
Sie ausgelassen mit!

**5 Die Serpentinen des Trollstigen
erfahren** Zwischen Åndalsnes und
dem Geirangerfjord warten auf Autofahrer die elf Serpentinen des
Trollstigen › S. 119. Schon aus dem
Autofenster bieten sich atemberau-
bende Ausblicke auf wilde Berge,
und auf der Passhöhe hat man dann
den Rundumblick.

6 Ostern bei den Samen In geleb-
te samische Kultur können Sie eintauchen, wenn Sie die Osterwoche
in Karasjok › S. 168 und Kautokeino
› S. 169 verbringen und beim mehrtägigen Osterfestival mitfeiern (www.
samieasterfestival.com).

**7 Fotosafari zu den Moschusoch-
sen** Über das karge Dovrefjell › S. 140
streifen einige Dutzend wilde Moschusochsen in kleinen Gruppen.
Mit ein wenig Glück sieht man sie
auf einer geführten Tagestour, oder
man nähert sich den launischen
Schwergewichten auf einer Fotosafari mit einer Übernachtung im Zelt
(www.moskussafari.no, 475–12495 NOK).

Von Mitte Mai bis Mitte September gibt es geführte Gletscherwanderungen am Nigardsbreen

8 **Schwimmende Sauna** Man nehme eine Handvoll Idealisten, Treibholz und handwerkliches Geschick und fertig ist eine herrliche Bretterbude, in der bis zu zwölf Freunde nach Herzenslust saunieren können: Das schwimmende Saunavergnügen mitten im Oslofjord vor der Osloer Oper ▮▮ d4 wird Ihnen unvergesslich bleiben, der Sprung ins kalte Wasser ebenso (www.sbha.no, 2 Std. ab 800 NOK)

9 **Gletschererkundung** Vom Jostedalsbreen fließen rund zwei Dutzend Gletscherzungen zu Tal. Eine der meistbesuchten ist der gut zu erreichende Nigardsbreen › S. 116. Unter kundiger Führung kann man bei unterschiedlich langen und schwierigen Eiswanderungen am Seil, mit Pickel und Steigeisen erste faszinierende Gletschererfahrungen

machen (www.bfl.no/de/nigardsbreen-de, ab 8 Jahre, ab 600 NOK).

10 **500 000 Vogelkehlen** Entlang der Küste und auf den vorgelagerten Inseln gibt es mehrere Vogelfelsen. Einer der größten befindet sich auf der Insel Runde › S. 119. Hier brüten zwischen Mai und September einige Hunderttausend Seevögel und veranstalten ein Riesenspektakel: Das Geschrei und Gezeter ist ein einzigartiges (Hör-)Erlebnis.

... PROBIEREN SOLLTEN

11 **Brunost** Der süße braune Käse ist z. B. als *Gudbrandsdalsost* oder *Geitost* im Handel, gehört zu jedem Frühstücksbuffet und wird auf eine Scheibe *flatbrød* gehobelt und mit etwas Marmelade gekrönt. In jedem Supermarkt gibt es rund ein Dutzend Sorten, die sich hinsichtlich Fettgehalt und Anteil an Ziegenmilch unterscheiden.

12 Koldtbord Bei einem skandinavischen Buffet darf geschlemmt werden: Aufgetischt wird alles, was die Speisekammer hergibt – Fisch kalt und warm in allen Variationen, Salate, Fleisch und diverse Nachspeisen. Berühmt sind die Buffets auf den Hurtigrutenschiffen › S. 24.

13 Rømmegrøt Ein Brei aus fetter saurer Sahne *(rømme)*, der mit Mehl oder auch Grieß gebunden wird. Wer möchte, kann ihn noch mit Zucker, Zimt, Marmelade oder Butter verfeinern. Das Nationalgericht wird in fast jeder Berghütte serviert, z. B. im Halne Fjellstova › S. 130.

14 Fischsuppe Viele norwegische Restaurants rühmen sich, die beste

Fischsuppe weit und breit zu zaubern, denn überall sind die Zutaten in bester Qualität vorhanden. Probieren Sie die »allerbeste« im Stangholmen › S. 92 – der einmalige Ausblick steigert den Genuss zusätzlich.

15 Mineralwasser Norwegen besitzt nur eine einzige Mineralwasserquelle, und zwar die Kong Håkonskilde bei Larvik ▮ C13. Ihr Wasser kommt als *Farris* in den Handel. Urteilen Sie selbst, ob es »königlich« schmeckt.

16 Stockfisch Die Lofoten sind seit dem Mittelalter berühmt für ihren *tørrfisk*. Heute bekommt man im Supermarkt kleine Tüten mit Trockenfischstücken, die wie Chips geknabbert werden. In der Adventszeit wird aus dem *tørrfisk* durch Einlegen in Lauge und Wässern der *lutefisk*. Eine der besten Adressen dafür ist das Lofoten Fiskerestaurant › S. 71 in Oslo.

17 Elch & Rentier Elchfleisch besitzt einen eher würzigen, Rentierfleisch einen feinen Wildgeschmack. Zu beiden werden als Beilage oft Preiselbeeren serviert. Bekannt für seine hervorragenden Wildgerichte ist das Restaurant Gamle Raadhus › S. 77 in Oslo.

18 Moltebeeren Die brombeerartigen gelben Früchte wachsen vor allem in Nordnorwegen. Mit Zucker und Sahne wird aus den frischen Beeren das Dessert *multekrem*. Fragen Sie ab Mitte Juli z. B. in Emmas Drømmekjøkken › S. 165 danach.

Moltebeeren wachsen ausschließlich wild

Das Astrup Fearnley Museum für Moderne Kunst in Oslo

19 Smørebrød Aus dem einfachen Butterbrot – die ursprüngliche Bedeutung von *smørebrød* – ist mittlerweile eine Spezialität geworden. Gehen Sie an einem Werktag in der Mittagszeit ins Engebret Café in Oslo und lassen Sie sich am Buffet überzeugen (Bankplassen 1, www.engebret-cafe.no). ▯ d4

20 Spekemat In jedem norwegischen Supermarkt gibt es eine Trockenfleischauswahl – Schinken und Würstchen z.B. eignen sich bestens als Wanderproviant. Im Kafe Seterstua von Frognerseteren › S. 80 wird *spekemat* zu *rømmegrøt* serviert.

21 Erdbeeren Die roten Früchte gedeihen in einigen sonnigen und warmen Gegenden Norwegens erstaunlich gut und schmecken zuckersüß. Insbesondere südlich des Trollstigen › S. 119 im Valldal lohnt es sich, an einem der Straßenstände eine Schale zu kaufen.

... BESTAUNEN SOLLTEN

22 Mitternachtssonne oder Nordlicht Auf den abwechslungsreichen Vesterålen › S. 158 elektrisiert die Mitternachtssonne und kann einen um den Schlaf bringen. Im Winter, wenn das spektakuläre Nordlicht über den Nachthimmel wabert, liegt eine geradezu mystische Stimmung über den verschneiten Inseln.

23 This building is a roof So beschreibt Renzo Piano seinen spektakulären Neubau des Astrup Fearnley Museums › S. 71, der zusammmen mit der Osloer Oper die neue Silhouette der norwegischen Hauptstadt prägt. Das Museum auf der Halbinsel Tjuvholmen besteht aus drei Pavillons unter einem markanten Glasdach.

24 Holmenkollen Die Skisprungschanze › S. 80 aus 100 t Stahl zählt zu den modernsten Sprungschanzen der Welt und ist ja schon mehr als beeindruckend, doch der Blick vom Schanzenturm des Osloer Wahrzeichens auf die Stadt und den Oslofjord ist einfach traumhaft.

㉕ Gemäldekonzert Ein Gemäldezyklus aus elf großflächigen Bildern von Edvard Munch lässt sich im Rahmen eines Konzerts in der Aula der Osloer Universität › S. 72 besichtigen. Hingehen, hören, sehen und staunen! (Konzerttermine unter www.uio. no/english/about/culture/aula).

㉖ Lofoten-Panorama Fahren Sie auf der E 10 bis nach Å › S. 158. Nach einem kurzen Spaziergang erreichen Sie die Landspitze und genießen von einer Anhöhe das beeindruckende Panorama. Die Strudel des Moskenstraumen wirken gefährlich, und aus dem Dunst am Horizont erhebt sich die Insel Mosken.

㉗ Stadtblick Steigen Sie von der Gamle Bybru zur Festung Kristians-

Das Norweger-Strickpullovermuster »Marius« in den norwegischen Nationalfarben

ten › S. 148 hinauf und lassen Sie sich von dem Blick auf Trondheim und den Nidarosdom verzaubern. Am schönsten ist es hier am frühen Morgen oder bei Sonnenuntergang.

㉘ Berg mit Loch Entlang der norwegischen Küste gibt es unzählige Bergformationen, die die Fantasie anregen – so auch der durchlöcherte Torghatten › S. 152. Eine kurze Wanderung führt zu dem Loch gut 110 m ü. d. M., durch das Sie gleichzeitig einen traumhaften Blick auf die Schärenlandschaft haben.

㉙ Winterblick Wenn Sie den von Schluchten durchzogenen dunklen Schieferfelsen des Nordkaps › S. 168 und die karge Insel Magerøya ohne Trubel erleben wollen, sollten Sie im Winter kommen: Das Nordkap-Erlebnis ist dann noch eindrücklicher.

㉚ Gamle Stavanger Die Altstadt von Stavanger › S. 97 zählt zu den schönsten des Landes und bezaubert mit engen Gassen, Holzhäusern und kleinen Gärten. Bestaunenswert ist aber auch der Kontrast zu den modernen Gebäuden der Ölmetropole.

... MIT NACH HAUSE NEHMEN SOLLTEN

㉛ Messermagie Traditionell gefertigte Samenmesser kaufen Sie am besten in Karasjok ▮ K3, denn hier arbeitet der unübertroffene *knivsmed* – der Messerschmied. Mit seinem KS8-Messer führen Sie auch zu Hause eine scharfe Klinge (Markan-

Magerøya, die »karge Insel« des Nordkaps, liegt zwar in der subarktischen Klimazone, doch dank des Golfstroms ist hier das Meer auch im Winter eisfrei

geaidnu 10, http://samekniv.no, Mo–Fr 8 bis 18 Uhr, ab 1230 NOK).

32 Norweger Warm und beinahe unverwüstlich sind die klassischen Norwegerpullis aus reiner Wolle. Eine große Auswahl bietet der Norway Shop c3 in Oslo (Fridtjof Nansens plass 9, https://norwayshop.com, Mo bis Sa 9–21, So 11–19 Uhr, ab 1400 NOK).

33 Trolle Mit den tapsigen, knollennasigen Gestalten packen Sie ein Stück nordische Mythologie für zu Hause ein. Es gibt sie als kitschige Massenware oder als Holzschnitzarbeit, z. B. bei Holm c3 in Oslo (Hieronymus Heyerdahls gate 1, www.thv-holm.no, Mo–Fr 10–18, Sa bis 16 Uhr).

34 Talisman Im Fossheim Steinsenter in Lom › S. 134 wird Norwegens

geologische Schatztruhe für Sie geöffnet. Schöne Steine, zum Beispiel in der Form von Fjells, gibt es bereits für wenig Geld.

35 Traditionelles In jeder größeren Stadt gibt es einen Husfliden-Laden mit vor allem Wollwaren, Trachten und Schmuck – alles so, wie es heute in Norwegen getragen wird. Wenn der Koffer aber schon voll ist: einfach Wollknäuel kaufen, beispielsweise im Osloer Husfliden c/d3, und zu Hause zu Norwegenerinnerungen verstricken (Rosenkrantz gate 8, www.heimenhusfliden.no, Mo–Fr 10–19, Sa bis 18 Uhr).

36 Silberschmuck Das Land der Samen ist für hervorragenden Silberschmuck bekannt. Im traditionsreichen Kautokeino lohnt ein Besuch von Juhls Silver Gallery > S. 169, wo es zum Beispiel wunderschöne Ringe gibt (ab ca. 1000 NOK).

37 Linie Aquavit Das alkoholische Nationalgetränk Norwegens > S. 63 muss, bevor es in den Handel kommen darf, auf einem Schiff einmal über den Äquator und zurück. Diese lange Reise soll ihm den unvergleichlichen Geschmack bringen. Sparfüchse kaufen ihn nicht im Vinmonopol, sondern auf der Fähre.

38 Kulinarische Genüsse Sie haben Gefallen an *Geitost*, *rømmegrøt* und *spekemat* gefunden? Dann sollten Sie in Oslo unbedingt noch einen Stopp im herrlichen Feinkostladen Fenaknoken 📖 c3 einplanen (Tordenskiolds gate 12, http://fenaknoken.no, Mo bis Fr 10–18, Sa bis 16 Uhr).

39 Modernes Kunsthandwerk Wie das Kunsthandwerk in anderen skandinavischen Ländern ist auch das norwegische farbenfroh und innovativ und überzeugt mit klarer Linienführung – seien es Gebrauchsgegenstände oder Dekoartikel. Eine breite Auswahl bietet die Galleri Format in Oslo 📖 d4, die Werke von ca. 300 Künstlern zeigt. Die Keramikschalen von Elisa Helland-Hansen etwa zieren auch den heimischen Esstisch (Rådhusgaten 24, http://format.no, Di–Fr 12–17, Sa, So bis 16 Uhr).

... BLEIBEN LASSEN SOLLTEN

40 Takk vergessen *Takk!* – Danke! – ist das erste norwegische Wort, das Sie lernen und danach möglichst oft anwenden sollten. Denn in Norwegen bedankt man sich viel häufiger als bei uns.

41 Zu schnell fahren Norweger sind sehr disziplinierte Autofahrer und halten sich genauestens an die

In Norwegen wird traditionell Silberschmuck gefertigt

Höchstgeschwindigkeit. Ein paar Stundenkilometer zu schnell – bei uns eine Bagatelle – kosten in Norwegen mehrere Hundert Euro.

42 Falsch parken Auch Falschparken wird in Norwegen mit empfindlichen Bußgeldern belegt.

43 Zu viel Alkohol einführen Im Land der Mitternachtssonne ist Alkohol teuer. Fahren Sie trotzdem nicht mit einem Kofferraum voll Hochprozentigem über die Grenze: Norwegen ist kein EU-Land, und die Mengen, die zollfrei eingeführt werden dürfen, sind gering › S. 177.

Angeln gehört in Norwegen zum Lebensstil

44 Mit Feuer sorglos umgehen Von Mitte April bis Mitte September ist wegen der erhöhten Waldbrandgefahr offenes Feuer verboten.

45 Angeln ohne Lizenz Nur im Salzwasser dürfen Sie – außer Lachs und Meerforelle – kostenlos angeln. Ansonsten benötigen Sie eine staatliche Lizenz und eine Angelkarte für das jeweilige Gewässer.

46 Abseits der Wege Motorisiert dürfen Sie abseits von Straßen und Wegen gar nicht unterwegs sein, aber auch als Radler und Wanderer sollten Sie sich unbedingt an bereits existierende Wege halten. Die Natur im Norden ist extrem empfindlich, und eine zerstörte Vegetationsdecke braucht Jahre zur Regeneration.

47 Das Jedermannsrecht überstrapazieren Auch in Norwegen ist die Freiheit nicht grenzenlos – selbst wenn das Jedermannsrecht › S. 39 dies vermuten lässt. Insbesondere Urlauber mit Wohnmobilen fallen häufiger durch rücksichtsloses Verhalten sehr unangenehm auf. Korrigieren Sie diesen Eindruck!

48 Ungeduld *Ting tar tid,* gut Ding will Weile haben, ist fast so etwas wie ein norwegisches Lebensmotto. Folgen Sie ihm und drängeln Sie sich nirgends vor.

49 Ratschläge missachten Hören Sie auf die Ratschläge von Ortskundigen. Werden Sie vor einer Wanderung z. B. vor einem Wetterumschlag gewarnt, dann lassen Sie sie aus Sicherheitsgründen lieber ausfallen.

50 Rauchen In Norwegen herrscht in allen öffentlichen Gebäuden, Verkehrsmitteln, Restaurants und Kneipen striktes Rauchverbot.

Die Oper in Oslo ist einem treibenden Eisberg nachempfunden

REISEPLANUNG
& ADRESSEN

DIE REISEREGION IM ÜBERBLICK

Norwegen ist einzigartig: Gebirge, Gletscher, Hochebenen, Wälder, Meer, Seen, Flüsse und Fjorde, etwas Ackerland – und ein Himmel, der der Landschaft je nach Tageszeit und Wetter sozusagen die Krone aufsetzt.

Der Rest Europas müsste die Norweger um ihre Hauptstadt beneiden. Wenn es um architektonische Meisterleistungen oder um Prunk und Pracht der letzten Jahrhunderte geht, kann **Oslo** zwar nicht mit den Großen mithalten, doch bei der Lage punktet die Stadt gewaltig: Hufeisenförmig schmiegt sie sich um den Oslofjord, die Häuser erklimmen terrassenförmig die grünen Hügel. Ob zu den Inseln im Fjord oder zu den Seen und Wäldern der Oslomark, weit ist es nie zu einem der Naherholungsgebiete. In der Stadt überrascht die Vielfalt der Museen, und auch die Flaniermeilen, die Hafencity und die Restaurantszene haben sich in den letzten Jahren rasant entwickelt.

Der **Süden** Norwegens ist ein Badeparadies; stolz sprechen die Einheimischen von der »Norwegischen Riviera«. Die Küstenstädtchen begrüßen Besucher mit strahlend weißen, gepflegten Holzhäusern unter einem meist blauen Himmel. Etwas mehr urbanes Flair strahlt die größte Stadt der Südküste, Kristiansand, aus. Die ganze Küste ist von der Sonne verwöhnt und bietet Strände für jeden Geschmack. Mal sind es sandige Abschnitte, dann wieder glatt polierte Schärenbuckel. Im Landesinnern liegt die Traditionsprovinz Telemark mit Wäldern, Seen und vielen alten Gehöften in traditioneller Holzbauweise. Und auch das tief eingeschnittene Setesdalen, das den Süden Norwegens in zwei Hälften teilt, ist noch ganz den bäuerlichen Traditionen verhaftet.

Für viele Reisende bildet das **Fjordland** die Seele Norwegens. Beim Anblick der stark gegliederten Küste kommt man aus dem Staunen nicht mehr heraus. »Einmalig in Europa« – dieses Prädikat macht den norwegischen Fjorden niemand streitig. Vielfingrig dringen sie weit ins Landesinnere vor, verästeln sich in enge Seitenarme mit bis zum Himmel reichenden, senkrechten Felswänden. Der längste von ihnen, der Sognefjord, reicht mehr als 200 km ins Landesinnere, und die »Nummer zwei«, der Hardangerfjord, ist fast ebenso lang. Eilig darf man es hier nicht haben. Auch wenn die Norweger Meister im Tunnel- und Brückenbau sind, vor den meisten Fjordarmen mussten sie bis jetzt kapitulieren. Deshalb sollten Reisende viel Zeit mitbringen: Kurve reiht sich an Kurve, und hin und wieder muss man auch auf die Fähre warten, um das andere Fjordufer zu erreichen. Mitten im Fjordland liegt Bergen, zweitgrößte Stadt des Landes und von der Hanse einst zum Handelszentrum gemacht. Bergen eilt der Ruf voraus, die regenreichste Stadt Europas zu sein. Das mag stimmen, aber es gibt hier so viel zu sehen, dass das nicht weiter ins Gewicht fällt.

Der Nationalpark Rondane ist ein beliebtes Wandergebiet mit vielen markierten Wegen

Der zentrale Teil Norwegens ist hauptsächlich von **Tälern und Fjells** ge-prägt. Im Jotunheimen, Dovrefjell und Rondane liegen die höchsten Berge des Landes. Zwischen diesen Gebirgsregionen verlaufen tief eingeschnitte-ne, fruchtbare Täler, die schon immer wichtige Verkehrswege darstellten. Das bekannteste dieser Täler ist das Gudbrandsdalen mit dem Olympiaort Lillehammer. Uralte Bauernhöfe und Landwirtschaft prägen auch heute noch das Bild dieser Region.

Von Trondheim zum **Polarkreis** und bis hinauf nach Narvik, das schon ein gutes Stück nördlich des Polarkreises liegt, ist es ein weiter Weg, den man am schnellsten über die E 6 zurücklegt. Jenseits von Trondheim wird die Besiedelung rasch dünner, die Weite des Nordens kündigt sich an – mit endlosen Wäldern, kargen Gebirgspassagen und dem Svartisen, dem zweit-größten Gletscher des Landes. Einige Tage länger ist man auf der Küsten-straße unterwegs: Wer die Muße für ein halbes Dutzend Fähren und un-zählige Kurven mitbringt, der wird sich in die rauen Küstenlandschaften verlieben. Zum Verlieben sind auch die Lofoten, eine Inselgruppe mit bizarr gezackten Bergen, die sich unvermittelt aus dem Meer erhebt.

»Einmal im Leben zum Nordkap« ist die Motivation vieler, die jenseits von Narvik unterwegs sind. In zwei, drei Tagen versuchen sie, den nörd-lichsten Punkt des europäischen Festlandes zu erreichen und haben dabei kaum Zeit, sich auf die Weite des **Nordens** einzulassen. Unterwegs trifft man auf ein paar verstreute Ansiedlungen entlang der Küste, das Landesin-nere ist dagegen fast menschenleer. Nur die Samen haben es dank ihrer Ren-tierherden geschafft, dem kargen Boden und dem rauen Klima der Finn-marksvidda eine Lebensgrundlage abzuringen. Wer viel Zeit hat, macht sich vom Nordkap auf den rund 500 km langen Weg nach Kirkenes, der abgele-gensten Stadt Norwegens, und wird für die Mühe mit Landschaftseindrü-cken belohnt, wie sie sonst nur Alaska zu bieten hat.

BEEINDRUCKENDE POSTSCHIFFROUTE

Die MS Finnmarken, eines der zwölf Hurtigruten-Schiffe, vor der Küste der Lofoten

Elf Tage und zehn Nächte auf dem Wasser, 2500 Seemeilen Fahrstrecke, über 30 Anlaufhäfen und über 100 Jahre alt: Die Hurtigrute, auch Reichsstraße Nr. 1 genannt, hat eine lange Tradition. Bei Wind und Wetter bricht täglich eines der zwölf Schiffe von Bergen im Süden Norwegens nach Kirkenes an der russischen Grenze auf.

Jahrzehntelang war die Hurtigrute für viele Küstenorte die einzige Verbindung mit der Außenwelt: Das Schiff hatte Post und Lebensmittel, aber auch Gäste an Bord. Die Hurtigrute entwickelte sich seit ihrem Start im Jahr 1894 zu einer Lebensader – und erst mit der Erweiterung des Straßennetzes, dem Bau von Tunneln, Brücken und Flughäfen verlor sie ein wenig von ihrer Be-

deutung als Transportmittel. In Bergen gehen jeden Tag Urlauber aus Europa, Asien und Amerika an Bord. Wer von knirschenden Decksplanken genug hat, kann in die Schiffsreise einen Landausflug einbauen, dabei die Fahrt verlängern und beim Hurtigruten-Schiff des nächsten Tages zusteigen.

Auf der Hurtigrute sind zwölf Schiffe unterwegs. Mittlerweile ist die gesamte Flotte modernisiert, an Bord finden zwischen 400 und 1000 Passagiere sowie einige Pkw Platz. Die neuesten Schiffe haben eher den Charakter von Kreuzfahrtschiffen, in denen bis zu 60 Autos mitfahren können. Auch auf diesen Schiffen kann man statt des kompletten Pakets mit elf Übernachtungen und Vollpension kürzere Strecken buchen und für wenig Geld mitfahren: ohne Kabine, mit eigenem Brotpaket und dem Rucksack als Reisegepäck. › mehr S. 14 Punkt ⑫ In allen Fällen ist eine gründliche Vorbereitung mittels eines Reisebüros ratsam.

Die Rituale des Landgangs, die Postfahne am Heck, die Uniformen der Besatzung und ihre beruhigenden Worte, wenn bei Windstärke acht das Vestkapp umfahren oder der Vestfjord zwischen der Küste Nordlands und den Lofoten durchkreuzt wird – das sind unvergessliche Eindrücke, die ganz einfach zu einer solchen Fahrt gehören.

Die Atmosphäre an Bord ist leger, der Komfort deutlich höher als auf den früheren Schiffen, es ist aber immer noch keine Luxuskreuzfahrt. Neben der klassischen Postroute bietet Hurtigruten auch noch andere Expeditionsreisen an, etwa nach Grönland, Island oder Spitzbergen.

REISEZEIT

Die Fahrt mit einem der Hurtigruten-Schiffe ist nicht nur ein Sommervergnügen, auch März und April sind reizvolle Monate. Denn zu dieser Jahreszeit ist die Luft von einer unglaublichen Klarheit, und die mit Schnee bedeckten Berge an der Küste scheinen dann zum Greifen nah. Wer Glück hat, kann in sternenklaren Winternächten das Nordlicht wabern sehen.

FAHRPLAN UND HÄFEN

- Am 1. Tag abends erfolgt das Einschiffen in Bergen › S. 105, am 2. Tag ist Ålesund › S. 120, am 3. Tag Trondheim › S. 147 erreicht. Am 4. Tag stehen mittags Bodø › S. 155, abends Svolvær › S. 156 auf den Lofoten auf dem Programm und am 5. Tag Tromsø › S. 164. Der 6. Tag bringt mit Honningsvåg und dem Ausflug zum Nordkap › S. 168 den nördlichsten Punkt der Reise. Wer zuvor Hammerfest › S. 167 sehen möchte, muss sehr früh aus der Koje, ebenso am 7. Tag in Vardø › S. 169, bevor das Schiff mit Kirkenes › S. 169 den Wendepunkt der Reise erreicht. Am 12. Tag läuft es wieder im Hafen von Bergen ein.
- **Alle Häfen:** Bergen › Florø › Måløy › Torvik › Ålesund › Geiranger › Hjørundfjord › Molde › Kristiansund › Trondheim › Rørvik › Brønnøysund › Sandnessjøen › Nesna › Ørnes › Bodø › Stamsund › Svolvær › Stokmarknes › Sortland › Risøyhamn › Harstad › Finnsnes › Tromsø › Skjervøy › Øksfjord › Hammerfest › Havøysund › Honningsvåg › Kjøllefjord › Mehamn › Berlevåg › Båtsfjord › Vardø › Vadsø › Kirkenes

INFOS

- **Hurtigruten GmbH**
  Burchardstraße 14 | D-20095 Hamburg
  Tel. 040/87 40 93 37 | www.hurtigruten.de

Auf dem Weg zum Nordkap

KLIMA & REISEZEIT

Mit dem Klima in Norwegen ist es wie mit dem Landschaftsbild: Es wechselt ständig, eigentlich kein Wunder bei der enormen Nord-Süd-Ausdehnung des Landes und den vielen Gebirgsmassiven.

So hat oft jedes Tal sein eigenes Kleinklima, eine Tatsache, die Meteorologen zur Verzweiflung treiben kann. Vielfalt ist das wichtigste Kennzeichen des norwegischen Wetters, doch es gibt einige Grundregeln: Im Jahresmittel wird es nach Norden hin immer kälter. So klettern die Temperaturen in der Finnmark nur selten über 20 °C, während sie in den Wintermonaten auch mal unter - 30 °C fallen – die Meteorologen nennen das Kontinentalklima.

An den Küsten sorgt der Golfstrom dafür, dass die Temperaturunterschiede übers Jahr gar nicht so groß sind, dafür regnet es häufiger. Die Bergregionen östlich der Fjorde bilden die Wetterscheide, an denen sich die Wolken abregnen.

Hauptreisezeit sind die wärmsten Sommermonate, Juli und August. Im Süden sind dann Tagestemperaturen von 25 °C und mehr durchaus möglich. Auf den Lofoten und in der Finnmarksvidda freut man sich dagegen schon über sommerliche 15–20 °C. Mit etwas Glück verwöhnen Mai und Juni mit relativ stabilen Schönwetterperioden. Der norwegische Frühling ist nur kurz, die Vegetation explodiert regelrecht unter der Lichtdusche. Im Gebirge können sich Schneereste aber noch bis zur Mittsommernacht halten.

Spätestens dann jedoch kehrt der Sommer ein, und man kann selbst an den Stränden in Nordnorwegen braun werden. Entlang der Südküste

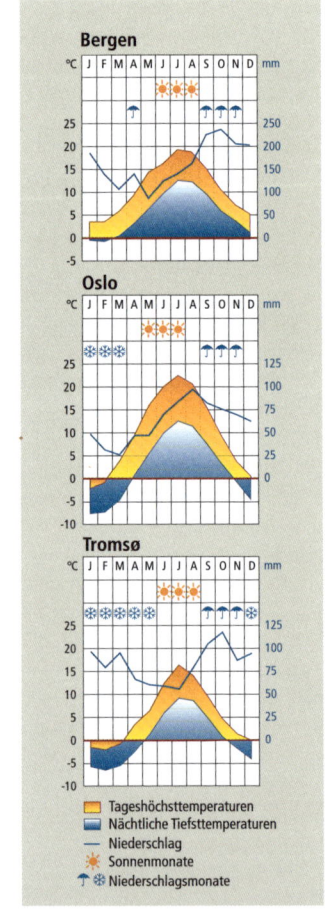

erreicht das Meer Temperaturen um die 18 °C, Binnenseen sind in der Regel sogar etwas wärmer. Weiter im Norden liegt die Wassertemperatur des Atlantiks dagegen nicht höher als 10–12 °C.

Der Herbst ist kurz und beginnt im Norden bereits im September, dann entfalten Gräser und Bäume ihr fantastisches Farbenspiel.

November bis Januar sind die Monate für die Verwegenen unter den Besuchern und die »Nur-Ski-läufer«. Die Tage sind kurz, die Temperaturen liegen besonders in höheren Lagen ständig und deutlich

Das Nordlicht heißt auch *Aurora borealis*

💬 MITTERNACHTSSONNE UND NORDLICHT

Auf 66,5 ° nördlicher Breite verläuft die magische Linie des Polarkreises. Hier scheint die Mitternachtssonne nur einen einzigen Tag – zur Sommersonnenwende am 21. Juni. Je weiter man nach Norden kommt, desto länger wird auch die Periode der 24-Stunden-Tage, am Nordkap dauert sie von Mitte Mai bis Ende Juli. Die Natur explodiert, und die Menschen kommen in dieser Zeit mit weniger Schlaf aus, sind aktiver. In dieser Zeit sind die Lichtstimmungen besonders faszinierend, wenn die Mitternachtssonne stundenlang ein paar Handbreit über dem Horizont dahinzieht. Nordlandreisende reagieren ganz unterschiedlich auf dieses Überangebot an Licht: Einige können nicht schlafen, andere werden regelrecht süchtig nach den 24-Stunden-Tagen.

Im Winter sind die Tage im Norden kurz und dunkel. Jetzt ist die Zeit des Polar- bzw. Nordlichts, eines Naturschauspiels, das die Menschen seit jeher in seinen Bann zieht und mit Angst, Aberglauben und ehrfürchtigem Staunen erfüllt hat. Fest verankert ist es in der nordischen Mythologie, wurde als Tanz der Jungfrauen und Walküren, als Kampf der Götter und Geister, aber auch als Botschaft gefallener Krieger an die Lebenden gedeutet. Heute liefert die Wissenschaft profanere Erklärungen für das Himmelsschauspiel: Es ist nichts weiter als eine Wechselwirkung des Sonnenwindes mit dem Erdmagnetfeld in Zeiten starker Sonnenaktivitäten, die periodisch auftreten. Der Faszination tun diese Erklärungen aber keinen Abbruch: Wenn die meist grünen, aber auch blauen oder roten Lichtschleier lautlos über den Nachthimmel ziehen, plötzlich verschwinden oder in einer Aurora gipfeln, kann man verstehen, warum die Menschen früher überirdische Mächte ins Spiel brachten.

unter dem Gefrierpunkt. Und in den meisten Gasthäusern kann man für wenig Geld einen Urlaub ganz allein mit dem Personal verbringen.

Von Ende Februar bis Ende April ist Skisaison. Gut präparierte Loipen und die immer höher kletternde Sonne locken Langläufer zu Tausenden an. Wer von der Enge eines Alpenskiortes die Nase voll hat, kann sich mittlerweile auch in Norwegen alpin austoben.

Meistens beginnen die Schulferien in der letzten Juniwoche und dauern bis Mitte August. Viele Betriebe schließen während der drei letzten Wochen im Juli. Während dieser Zeit sind viele Norweger im eigenen Land unterwegs, Unterkünfte, vor allem Hütten, sollten deshalb unbedingt im Voraus gebucht werden. Die Herbstferien liegen zwischen der 40. und 42., die Winterferien zwischen der 7. und 10. Kalenderwoche, die Weihnachtsferien beginnen meist am 22. Dezember und dauern bis zum 2./3. Januar.

ANREISE

ÜBER LAND

Für die Anreise über Land bieten sich zwei Hauptrouten an: Wer hauptsächlich nach Südnorwegen möchte, fährt bis zur Nordspitze Dänemarks und nimmt dann eine der Fähren nach Kristiansand, Stavanger oder Bergen. Wer Oslo als erstes Ziel hat, fährt am besten auf der E 6 von Helsingborg oder Trelleborg durch Schweden.

Freiheit und Natur verbindet man mit einem Wohnmobilurlaub in Norwegen

MIT DER FÄHRE

Die wichtigsten Fährverbindungen gehen von Hanstholm, Hirtshals und Fredrikshavn an der Nordspitze von Jütland (DK) nach Göteborg (S), Oslo, Larvik, Kristiansand, Stavanger und Bergen. Weitaus bequemer und luxuriöser, aber auch teurer gestaltet sich die Überfahrt von Kiel nach Oslo. Die wichtigsten Norwegenfähren betreiben Color Line (www.colorline.de), Stena Line (www.stenaline.de) und Fjordline (www.fjordline.com). Täglich eine Übernachtverbindung von Kopenhagen nach Oslo bietet DFDS Seaways (www.dfdsseaways.de). Eine längere Anfahrt erfordern die südlicheren Routen über die Vogelfluglinie von Puttgarden (D) nach Rødby-havn (DK) bzw. von Rostock (D) nach Gedser (DK). In Kopenhagen (DK) steht neben der Oslofähre auch die Øresundbrücke nach Malmö (S) zur Wahl. Fähren verkehren außerdem zwischen Helsingør (DK) und Helsingborg (S) oder von Rostock (D) über Gedser (DK) hinüber nach Südschweden (www. scandlines.de). Wechselnde Sondertarife und unterschiedliche Kriterien für Fahrzeugklassen machen Preisvergleiche nicht einfach. Beratung und Buchung bieten u. a. spezialisierte Reisebüros und Reiseagenturen.

MIT DEM FLUGZEUG

Der Luftweg erspart die lange Anreise auf dem Land- und Seeweg. Von Düsseldorf, Frankfurt/M., Hamburg, Berlin, München, Zürich und Wien gibt es Nonstop-Flugverbindungen nach Oslo. Zunehmend starten auch Billigflieger nach Norwegen, zum Beispiel von Berlin, Hamburg, Düsseldorf, München, Wien und Salzburg nach Oslo oder von Berlin nach Bergen oder Stavanger (www.norwegian.com). Die Angebote wechseln allerdings häufig.

REISEN IM LAND

MIT DEM AUTO UND DEM WOHNMOBIL

Natürlich haben Autoferien in einem so riesigen Land große Vorteile, deshalb bringen die allermeisten Autotouristen ihre Unterkunft in Form von Wohnwagen oder Wohnmobil gleich mit. Obwohl sich die Fremdenverkehrsämter bemühen, die Reisenden von der Straße in die Hütten, Pensionen oder Hotels zu locken, steigt die Zahl der Wohnmobilurlauber weiter an. Doch im Land häufen sich zunehmend kritische Stimmen. Die Belastung des Straßennetzes nimmt zu, auch die Park- und Rastplätze, die nicht für Übernachtungen vorgesehen sind, werden von den Wohnmobil-Karawanen besetzt. In den letzten 25 Jahren wurden massiv neue Straßen gebaut, alte verbreitert und Kurven mithilfe von Tunneln entschärft. Trotz allem sind noch viele Kilometer eng und kurvig – vor allem im Fjordland – und fordern von Fahrern großer Wohnmobile und Campinganhänger starke Nerven und ein sehr gutes Augenmaß. Wenn im Süden, Westen und Osten des Landes bereits Anfang Mai alle Straßen frei von Eis und Schnee sind, bleiben die Frostschäden, wie Buckel, Schlaglöcher und Spurrillen von den Spikes-Reifen, in der Straßendecke zurück. Im Norden und in den Gebirgen des Südens sollte man auch Anfang Juni noch Schneeketten mitführen.

FÄHREN

Fähren spielen auch im Inlandsverkehr nach wie vor eine wichtige Rolle. Man wird sich vielleicht über die teils saftigen Preise für die Überfahrten wundern – die im Übrigen vom Staat festgelegt und von der Fährstrecke abhängig sind –, doch eine solche Fahrt entschädigt für vieles: Fähren bedeuten Fahrpause, Erholung, Fotostopp. Ein Vorausbuchen der Fähren ist in der Regel nicht möglich und auch nicht nötig. Auf den Hauptrouten verkehren die Fähren so häufig, dass man nicht allzu lange warten muss. Selbst auf Nebenrouten setzen die Fähren noch mehrmals täglich über. Genaue Abfahrtszeiten erfährt man in den örtlichen Touristenbüros. Nützlich ist das Fahrplanbuch *Rutebok for Norge,* das man im Buchhandel und an Kiosken kaufen kann. Ein interaktiver Reiseplaner findet sich unter http://en-tur.no.

MIT DEM FAHRRAD

Für Radfahrer und Fußgänger sind Fähren billig, und gerade der Urlaub mit dem Mountainbike wird immer beliebter. Heißt das Reiseziel West- oder Nordnorwegen, sollten Radler möglichst Nebenstrecken wählen oder weitere Strecken mit dem Zug fahren. Wem enge Straßen, hügeliges bis bergiges Gelände, auch Tunnelfahrten und je nach Saison bzw. Jahreszeit ein raues Klima nichts ausmachen, der kann auf einer Biketour durch Norwegen viele Eindrücke vom Land hautnah gewinnen.

MIT DER BAHN

Zugfahren in Norwegen lockt gerade auf landschaftlich schönen Strecken, auch wenn das Schienennetz nicht das ganze Land erschließt. Der Einfachheit halber haben die wichtigsten Bahnstrecken Namen. Neben der **Bergensbanen** zwischen Oslo und Bergen (Reisedauer ca. 6,5 Std.), die als eine der schönsten Strecken überhaupt gilt, sind auch die **Sørlandsbanen** von Oslo über Kristiansand nach Stavanger, die **Dovrebanen** von Oslo nach Trondheim und die **Nordlandsbanen** von Trondheim nach Fauske/Bodø (ca. 10 Std.) eine Fahrt wert. Leider sind diese Strecken, abgesehen von den beiden Linien nach Norden, nicht miteinander verbunden. Ein touristisches Highlight ist die **Flåmbahn** › S. 114 von Flåm am Sognefjord nach Myrdal (knapp 1 Std.). Wer vorhat, viel mit der Bahn zu fahren, sollte sich einen InterRail Norway Pass (Preise und Streckennetz unter www.scandinavian rail.com) anschaffen und spart so eine Menge Geld.

MIT DEM BUS

In vielen Teilen Norwegens, v. a. im Norden, ist man ohne eigenes Auto von Bus und Flugzeug abhängig. Das aber ist keine schlechte Alternative, da es ein engmaschiges Busnetz gibt. Zahlreiche Verbindungen bieten **NOR-WAY** und **Boreal Transport,** daneben sind zahlreiche lokale Buslinien vertreten.

NOR-WAY Bussekspress AS 🔖 d3
• Storgata 17 | 0184 Oslo | Tel. 22 31 31 50
  www.nor-way.no

Boreal Transport Norge AS 🔖 A13
• Haakon VIIs gate 7 | 4005 Stavanger
  Tel. 91 55 58 88 | www.boreal.no

Eine Fahrt mit der Flåmbahn ist ein echtes Erlebnis

MIT DEM FLUGZEUG

Mit 50 Flugplätzen hat Norwegen ein extrem dichtes Flugstreckennetz. Auf den meisten Strecken gibt es im Sommer kräftige Rabatte – fragen Sie bei einem Reisebüro in Norwegen nach günstigen Flügen. In den letzten Jahren hat der Billigflieger Norwegian (www.norwegian.com) sein innernorwegisches Streckennetz erheblich ausgebaut. Ein Flugticket von Oslo nach Bodø oder Tromsø ist schon ab rund 700 NOK (ca. 75 €) zu haben.

SPORT & AKTIVITÄTEN

Norwegen ist dünn besiedelt, besitzt eine lange, von Fjorden zerklüftete Küste, unzählige Seen und Flüsse, dichte Wälder und karge Fjells. Besser könnten die Voraussetzungen für einen aktiven Urlaub also gar nicht sein.

WANDERN

Friluftsliv ist das bewusste und fast ehrfürchtige Eintauchen in die großartige Natur. Aktiv sein kann man auch als Tourist in Norwegen schon mit einem Paar guter Wanderschuhe und dem Willen, von den Norwegern eben ein bisschen *friluftsliv* zu lernen. Die Zeiten, in denen Norwegenurlauber allein auf sich gestellt und mit einer ungenauen Karte in die Einsamkeit

DER GOLDENE UMWEG

Das strahlend weiße *trønderlån* des Husfrua Gårdshotell wurde kurzerhand »umgezogen«

Lust auf regionale Produkte in Bioqualität und eine Nacht in einem echten Trønderlån-Haus mit einer ungewöhnlichen Geschichte? Dann sollten Sie nördlich von Trondheim den »Goldenen Umweg« nehmen. Der ist zwar nur wenige Kilometer länger als die E 6, doch es gibt so viel zu sehen, dass man auf ihm einen ganzen Tag oder auch mehr verbringen kann. Unter diesem Namen bieten rund zwei Dutzend Hofläden, Cafés, Kunsthandwerker und Pensionen ihre regionalen Produkte an.

Auf dem Gangstad-Hof kann man bei Astrid Aasen Elcheis probieren. Zur Beruhigung: Für diese Leckerei musste kein Elch sein Leben lassen. Und Astrids preisgekrönten Käse sollte man sich auch nicht entgehen lassen. Nicht weit entfernt betreibt Steinar Kvam die Inderøy Gårdsbryggeri, eine kleine Brauerei. Im Hofla-

den von Berg Gård kann man Wurst und Schinken aus eigener Produktion kosten, doch Svein Berfjords Passion ist das Brennen von Aquavit und das Wiederbeleben einer lange vergessenen Tradition von Inderøy.

Lise Lyngsaunet und Per Magnus Værdal managen das Husfrua Gårdshotell. Die kleine Straße schraubt sich kurvenreich den Hang des Sakshaug hinauf, bis der Blick weit über die Kulturlandschaft der Gemeinde Inderøy und den Trondheimsfjord schweifen kann. Hier steht das Hotel, ein stattliches, strahlend weißes Holzhaus. Zur Begrüßung steht Lise mit einladendem Lachen in der Tür. Allen Zimmern – das sind im Haupthaus nur sechs – hat sie Namen gegeben, meins wird »Magnhild«, das nach der Großmutter benannt ist. Dazu muss ich aber erst einmal eine enge Treppe mit knarrenden Dielen hinauf. Die Einrichtung ist ein Traum in Weiß mit viel Holz, typisch skandinavisch und sehr persönlich. Lise und Per haben die Möbel, die überwiegend aus dem 19. Jh. stammen, perfekt restaurieren lassen. Und der Blick aus den Sprossenfenstern ist bezaubernd, denn vom Sakshaug zeigt die Provinz Trøndelag ihre schönste Seite.

EIN HAUS GEHT AUF REISEN

Bei einer Tasse Kaffee erzählt Lise die ungewöhnliche Geschichte des Hauses: »Pers Vorfahren haben 1867 dieses Haus auf einer Farm in der Nähe errichtet. 2008 war es in einem so schlechten Zustand, dass es abgerissen werden sollte.« Sie zeigt Bilder, auf denen das sanierungsbedürftige Objekt zu sehen ist. »Wir wollten schon immer in so einem Haus wohnen und brachten es nicht übers Herz, es abzureißen. Auch, weil es schon so lange in Familienbesitz ist.« Sie erklärt, dass ein *trønderlån*, ein langes, schmales Haus mit zwei Etagen, ganz typisch für Trøndelag sei. »Also kamen wir auf die verrückte Idee, das Haus zu uns auf den Saksberg zu bringen, denn wir hatten zwar den perfekten Platz für ein kleines Hotel, doch kein Haus. Erst wollten wir das *trønderlån* in seine Einzelteile zerlegen und wieder neu aufbauen. Doch das hätte viel von der noch original erhaltenen Ausstattung zerstört. So musste es in einem Stück auf die rund acht Kilometer lange Reise gehen.« Immerhin ist das Haus 18 m lang, 6 m breit und wiegt gut 40 t. Drei Kräne hoben es auf einen Tieflader

und dann ging es in Millimeterarbeit über die enge, kurvige Straße den Berg hinauf, wo es schließlich nach 10 Std. auf das neue Fundament gesetzt wurde. Damit war der spektakuläre Teil des Umzugs zwar erledigt, doch bis sie die ersten Gäste aufnehmen konnten, lag noch ein Jahr harte Arbeit vor ihnen.

»Hast du Lust auf einen kleinen Spaziergang zu unseren Nachbarn? Es sind nur zehn Minuten bis zu ihrem Hof Øyna.« Auch hier ist die Aussicht umwerfend. Kristine und Frode Sakshaug sind einen anderen, aber nicht weniger beeindruckenden Weg zu ihrem Traumhaus gegangen. Sie haben ein neues Haus mit Grasdach und Panoramafenstern gebaut und bewirten Gäste mit lokalen Gerichten. Die meisten Zutaten in Bioqualität stammen von ihrer eigenen Farm. Lassen Sie sich von dem *Øyna sommerbord* mit einer saisonalen Auswahl warmer und kalter Speisen überraschen!

ALLES ÜBER DEN GOLDENEN UMWEG:
https://dgo.no

BEI LISE UND PER ÜBERNACHTEN:
• **Husfrua Gårdshotell**
Sakshaugvegen 44 A | 7670 Inderøy
Tel. 40 64 88 81 | https://husfrua.no
Zusätzlich zu den sechs Zimmern im Haupthaus gibt es noch drei Hütten.

MIT FERNSICHT SPEISEN:
• **Øyna**
Øynavegen 60 | 7670 Inderøy
Tel. 91 59 08 13 | www.oyna.no
20.6.–20.8. Mo–Fr 13–21, Sa, So 12–20 Uhr
Sonst nur nach Voranmeldung

aufbrechen mussten, sind vorbei: Die Fremdenverkehrsämter haben längst entdeckt, dass nicht nur Norweger die Natur erleben wollen. In den letzten Jahren ist das Angebot an mehr oder weniger organisierten Fahrrad-, Fuß- oder Bootswanderungen kräftig erweitert worden.

Auf Schusters Rappen empfehlen sich besonders historische Wanderungen wie z. B. der Altertumsweg (*Oldtidsveien*) zwischen Fredrikstad und Skjeberg in der Region Østfold, oder der Königspfad (*Kongeveien*) über das Dovrefjell bis nach Trondheim, den die wallfahrenden Könige und Pilger auf dem Weg zur Domstadt begingen. Auch der Lillehammer-Rondane-Pfad eignet sich hervorragend für eine Wochentour.

Ebenso spannend sind Fuß- oder Fahrradwanderungen in die Industriegeschichte: Im Zuge des Baus von Straßen, Eisenbahnlinien oder Wasserkraftanlagen wurden Schneisen durch die westnorwegische Gebirgswelt gesprengt, und wo heute großartige Naturerlebnisse locken, arbeiteten sich früher Tausende von Wanderarbeitern mit Hacken und Spaten vor. Eine der schönsten Touren ist die von Haugstøl über Finse, Fagernut, Hallingskeid und Vatnahalsen hinunter nach Flåm. Dieser sogenannte *Rallarvegen* verläuft parallel zur Bergensbahn durch eine hochalpine Landschaft und eignet sich für Wanderer und Radfahrer.

Schroff, wild, weitläufig und von kleinen Gletschern gekrönt das eine, teils trocken wie die Wüste und so klein, dass es in einem strammen Tagesmarsch durchquert werden kann, das andere – gerade einmal 100 km Luftlinie voneinander getrennt, könnten Norwegens Paradegebirge Jotunheimen und Rondane kaum unterschiedlicher sein. Da das Bergwandern in Norwegen eine riesige Fangemeinde hat und beide Gebirge nur vier bis fünf Autostunden vom dicht besiedelten Süden entfernt liegen, hat sich in beiden eine ausgezeichnete Infrastruktur

Bergwandern nördlich des Polarkreises auf den Lofoten

für Wanderer und Bergsteiger entwickelt. Zu viel Rummel muss aber
niemand fürchten: Gemessen an den
Alpen erscheinen beide Gebirge wie
unberührte Refugien.

Den Norske Turistforeningen (DNT) 🔖 d3
• Youngstorget 1 | 0181 Oslo
  Tel. 40 00 18 68
  www.dnt.no

DNT Toureninformation 🔖 d3
Das DNT-Büro in Oslo ist der Anlaufpunkt
für alle Fragen rund ums Ski- und Hütten-
wandern in Norwegen.
• Storgata 3 | 0155 Oslo
  Tel. 22 82 28 00
  www.dntoslo.no
  Mo–Fr 10–17, Do bis 18, Sa bis 15 Uhr

Der DNT hat im ganzen Land ein
Wegenetz mit einer Länge von rund
20 000 km eingerichtet. Dazu kommen im Winter noch ca. 6500 km
Skiwanderrouten. Die Sommerwege
werden mit einem roten »T« markiert, das auf Steinen, Steinpyrami-
den oder an Bäumen zu finden ist.
Auch rote Punkte werden hin und
wieder verwendet. Winterrouten um
Ostern sind mit Stäben versehen,
die im Schnee stecken. Der DNT un-
terhält auch Hütten > S. 40.

**KLETTERN UND GLETSCHER-
WANDERN**
Klettern und Gletscherwanderungen liegen im Trend, und Bergsport-
ler haben die norwegischen Gebirge
längst für sich entdeckt. Die Behörden raufen sich allerdings die Haare,
und Rettungsdienste schieben Ex-
traeinsätze.

Auch hier gilt wie bei klassischen
Fuß- oder Skiwanderungen, dass
die beste Ausrüstung nichts nützt,
wenn das Wetter auf einmal um-
schlägt oder aber die Ortskenntnis-
se nicht ausreichen, um rechtzeitig

💬 **NEUN GEBIRGSREGELN**

Bewegung in freier Natur ist
eine der Lieblingsbeschäftigun-
gen der Norweger. Dafür gibt es
auch ein eigenes Wort: *frilufts-
liv*. Schulfach ist es bereits in
der Grundschule; wer 16 Jahre
alt ist, hat zumindest die neun
Gebirgsregeln gelernt:
• Gehen Sie nie auf längere
  Wanderungen, ohne vorher
  gut trainiert zu haben.
• Sagen Sie in der Unterkunft
  Bescheid, wohin Sie gehen.
• Beachten Sie die Wettervor-
  hersagen und erzwingen
  Sie nichts bei ungünstigem
  Wetter.
• Hören Sie auf erfahrene
  Gebirgswanderer.
• Rechnen Sie auch bei kürze-
  ren Touren mit Unwetter.
• Rucksack, Karte und Kompass
  nicht vergessen.
• Gehen Sie nie allein.
• Kehren Sie rechtzeitig um;
  es ist keine Schande umzu-
  kehren.
• Dosieren Sie Ihre Kräfte rich-
  tig und graben Sie sich, wenn
  nötig, im Schnee ein. Auch
  einen Spaten, im Gebirge eine
  wichtige Ausrüstung, sollten
  Sie immer dabeihaben.

Mit dem Seekajak auf Entdeckungstour in den Fjorden Norwegens

eine Hütte oder einen Bauernhof anzusteuern. Die Klettersaison in Norwegen ist zudem deutlich kürzer als etwa in den mitteleuropäischen Alpen.

Auf dem Hardangerjøkulen, dem Jostedalsbreen oder dem Svartisen in Nordnorwegen wird Gletscherwandern mit erfahrenen Führern angeboten. Die oft niedrigen Teilnahmegebühren können sich sehr schnell als Lebensversicherung erweisen. Wer im Jotunheimen einen Zweitausender erklimmen möchte, kann wertvolle Informationen beim Norwegischen Fremdenverkehrsbüro › S. 177 bekommen. Die besten Infos bietet der DNT › S. 35.

ANGELN

Der norwegische Begriff *kystkultur* (Küstenkultur) steht für eine Kombination aus sportlichen Aktivitäten und Kultur in einer maritimen Umgebung. Echte Sportangler wissen, dass die Dorsche, Köhler (Seelachs) und Makrelen überall an der norwegischen Küste an den Haken gehen. Angeln im Meer und in den Fjorden ist auch für Besucher des Landes kostenlos.

Für das Angeln im Inland – und nicht nur für die exklusive Lachsfischerei, sondern auch für Meerforelle und Saibling – gilt, dass die staatl. Fischereiabgabe (ab 60 NOK für einen Tag bzw. ab 345 NOK für

SEGELN UND KANUSPORT

Segler, Kajakfahrer und Kanuten zieht es in der Regel an die südnorwegische Schärenküste und in die Fjorde Westnorwegens, Taucher gehen gern in der Umgebung von Ålesund und Kristiansund auf Schatz- oder auch Wracksuche.

Wildwasserfahrten finden nicht mehr nur auf reißenden Flüssen mit gefährlichen Schluchten statt: Auf dem Westfjord zwischen den Lofoten und dem Festland trifft man sich zum Hochseerafting, das sich bei den richtigen Wind- und Strömungsverhältnissen mit den Wildwasserfahrten auf dem Fluss Sjoa im nördlichen Gudbrandsdalen messen kann. › mehr S. 12 Punkt ❷

Geruhsamer verlaufen Kanuwanderungen zum Beispiel im Bereich des Femund-Sees oder des Isteren. Boote auszuleihen ist in Norwegen nirgendwo ein Problem.

eine Woche) bei einem Postamt oder online unter www.inatur.no/om/fiskekort bezahlt und der – oft nicht billige – Angelschein beim Besitzer des Reviers gekauft werden müssen.

Beim Süßwasserangeln braucht man einen örtlichen Angelschein, den es bei Touristeninformationen, Campingplätzen und ähnlichen Einrichtungen gibt. Weitere Infos erhält man unter dem Suchbegriff »Hunting and fishing« auf www.miljodirektoratet.no.

Sportfischer dürfen nicht mehr als 15 kg Meeresfisch beziehungsweise Fischprodukte aus Norwegen exportieren.

SKISPORT

Allen Sportmoden zum Trotz: Norwegen ist und bleibt das Land für Wanderer – auf Skiern nicht weniger als zu Fuß. Doch auch das Alpinangebot ist sehr gut: Geilo, Hemsedal, Lillehammer oder Trysil in Südnorwegen sowie Narvik in Nordnorwegen sind international bekannte Pistenorte.

Die beste Zeit für Skilanglaufaktivitäten sind die Monate Februar bis April, wenn die Sonne zu wärmen beginnt und sich die Bäche unter dem Eis wieder mit Wasser füllen. Die norwegische Gebirgslandschaft ist dann am schönsten und die Luft am klarsten.

Wer eine Skiwanderung unternehmen möchte, zum Beispiel über die Hardangervidda, im Jotunheimen oder im Rondane-Gebirge, der kann in den urigen Hütten des Norwegischen Bergvereins DNT › S. 39 übernachten.

MIT HUNDESCHLITTEN UNTERWEGS

Mit Huskys durch die norwegische Winterlandschaft zu fahren ist ein einmaliges Erlebnis. Viele Veranstalter bieten nicht nur kurze Tagesausflüge, sondern auch ganze Tourenwochen an. › mehr S. 12 Punkt ❶

Das Vergnügen ist nicht ganz billig, da ein Hundegespann und der Musher, der Schlittenhundeführer, in der Regel nur mit kleinen Gruppen auf Tour gehen. Das Erlebnis ist so aber viel intensiver, und die Huskys transportieren den Großteil des Gepäcks. Die meisten Anbieter gibt es in Nordnorwegen, aber auch der DNT › S. 35 hat Hundeschlittentouren im Angebot.

UNTERKUNFT

Die meisten Norwegenurlauber bevorzugen eine naturnahe Unterkunft. Entweder kommen sie gleich mit Wohnmobil oder Wohnwagen oder sie mieten sich ein Ferienhaus oder eine Hütte am See, an der Küste oder auf dem Fjell.

CAMPING UND HÜTTEN

Die meisten Urlauber bringen ihre Unterkunft gleich mit: Wohnmobile sind in Norwegen sehr viel häufiger zu sehen als Zelte. Aber **Campingplätze** sind auch für Caravan-Urlauber bevorzugte Übernachtungsorte, und der Standard der rund 800 Plätze im Land ist hoch.

Natürlich gibt es durch Sterne markierte Unterschiede, doch generell gilt, dass selbst die billigsten Campingplätze die nötigen sanitären Einrichtungen bieten und dass die Preise auch in der obersten Kategorie nicht abschreckend hoch sind. Viel wichtiger für die Wahl eines Platzes ist häufig der Faktor Lage – an einem See oder Fluss mit Badestrand oder mit Aussicht auf schneebedeckte Gipfel – ganz nach persönlichen Vorlieben. Campingplätze sind darüber hinaus oft der erste Kontakt mit der in Norwegen allseits beliebtesten Unterkunft: den **Hütten**. Je kleiner und schlichter, desto uriger – und billiger: Etagenbetten, einfachste Holzmöbel, altmodische Einrichtung mit Kochplatte und Wandheizung und die Toilette in Sichtweite.

Die Preise variieren, doch ab etwa 400 NOK pro Nacht hat man auf Campingplätzen bereits ganz gute Chancen, eine einfache 4-Personen-Hütte zu bekommen. Die Hütten können auch tageweise gemietet werden, die Endreinigung erledigt in der Regel der Gast. Daneben gibt es nun aber auch immer häufiger recht komfortabel ausgestattete Hütten.

Wer seinen Urlaub in einem Ferienhaus verbringen möchte, kann schon im Heimatland unter einer Vielzahl von Anbietern wählen und natürlich auch eine Luxushütte mit Bad/WC, Sauna, Küche, getrennten Schlafzimmern, Kamin und einer Veranda buchen.

Auch die vielen Berggasthöfe in Norwegen – die je nach Region *fjellstove* oder *fjellstue* heißen – haben eher Hütten- als Hotelstandard. Sie sind insbesondere bei Wanderern ausgesprochen beliebt, weil sie in der Regel landschaftlich besonders schön und in der Nähe von Wanderrouten liegen; sie zeichnen sich zudem durch eine deftige Hausmannskost aus.

Entlang der Küste heißen die Hütten entweder *rorbuer* (Ruderhäuser) oder *sjøhus* (Seehäuser). Direkt am Wasser sollten sie liegen, Boot, Schwimmwesten und Angelgerät gehören oftmals dazu, und im Zentrum eines solchen Hüttenurlaubs stehen Wassersportaktivitäten. Was ehemals Nordnorwegen und insbesondere den Lofoten vorbehalten war, findet nun auch in Süd- und Westnorwegen immer mehr Anhänger. Diese Ferienform ist ebenso wie der klassische Hüttenurlaub ein Schritt in Richtung norwegische Traditionen.

Eine ausführliche Broschüre zu Campingplätzen und Hütten veröffentlicht NHO Reiseliv im Internet unter www.camping.no. Auf der Internetseite kann man nicht nur die Broschüre als PDF-Datei herunterladen, sondern auch Informationen zum Camping Key Europe erhalten, der auf vielen norwegischen Campingplätzen Pflicht ist; er bietet für 18 € pro Jahr zahlreiche Vergünstigungen und Rabatte.

Weitere Informationen über Unterkünfte gibt es beim Norwegischen Fremdenverkehrsamt Visit Norway › S. 177.

Die größten Vermittler von Ferienhäusern und Hütten in Norwegen sind: Novasol, Dansommer, Dancenter und TUI Wolters. Infos beim Norwegischen Fremdenverkehrsamt oder in speziellen Reisebüros.

DNT-HERBERGEN

Wer eine mehrtägige Wanderung plant und nicht immer im Zelt übernachten möchte, wird nicht an

💬 JEDERMANNSRECHT

Das *allemannsrett* erlaubt Zelten außerhalb von offiziellen Campingplätzen in mind. 150 m Abstand zum nächsten Haus ebenso wie auf landwirtschaftlichen Brachflächen. Zumindest alle Norweger kennen dieses Recht. Nur solange Einheimische und Besucher die damit verbundenen Regeln – wie etwa das Verbot von offenem Feuer von Mitte April bis Mitte September – befolgen, die Natur sorgsam behandeln und vor allem keinen Abfall hinterlassen, wird das Jedermannsrecht nicht aufgehoben oder eingeschränkt werden.

den Hütten des Norwegischen Bergvereins DNT vorbeikommen, die
auch Nichtmitgliedern offenstehen.
Fast 500 Hütten mit rund 8000 Betten gibt es landesweit. Der Komfort
ist höchst unterschiedlich, einige
sind Berggasthöfe mit Hotelstandard, andere nur winzige Katen mit
Matratzenlager.

Grundsätzlich gibt es drei Arten
von DNT-Herbergen: bewirtschaftete Hütten, Selbstbedienungshüt-
ten und unbewirtschaftete Hütten.

HISTORISCHE HOLZHOTELS

- Das **Scandic Holmenkollen Park
  Hotel** ist im Drachenstil erbaut
  und liegt in **Oslo** auf 350 m
  Höhe – auch der Blick über die
  Stadt ist wunderschön. > S. 76
- Das **Dalen Hotel** am **Telemark-
  Kanal** im Süden Norwegens ist
  ebenfalls romantisch mit Drachenköpfen verziert. Hier kommen vor allem Nostalgiker auf
  ihre Kosten. > S. 91
- Das **Utne Hotel** in **Utne** auf der
  Kvinnherad-Halbinsel im Fjordland ist eines der ältesten Hotels
  Norwegens; es existiert seit 1722.
  > S. 112
- In **Balestrand** direkt am Sognefjord steht das **Kviknes Hotel** mit
  seinem prachtvollen, reich verzierten Haupthaus. > S. 116
- **Dr. Holms Hotel** in **Geilo** ist
  eine traumhafte Anlage mit Spa
  inmitten einer großartigen Berglandschaft. > S. 131

Bewirtschaftete Hütten unterscheiden sich kaum von einfachen
Hotels und servieren Frühstück und
Abendessen. In Selbstbedienungs-
hütten gibt es Proviant, Heiz- und
Kochmöglichkeiten; die Sanitäran-
lagen sind spartanisch, das Wasser
holt man aus dem nächsten Bach.
Die Hütten sind verschlossen, der
DNT gibt Mitgliedern einen Schlüs-
sel. Geld für die Übernachtung wird
in der Hütte deponiert, und erstaun-
licherweise funktioniert dieses Sys-
tem, denn Bezahlen ist Ehrensache!
Die Ausstattung in unbewirtschaf-
teten Hütten entspricht üblicher-
weise der von Selbstbedienungshüt-
ten, allerdings ohne Proviant.

Alle Hütten befinden sich meist
in Abständen von Tagesetappen, sodass Wanderer beinahe unbegrenz-
te Möglichkeiten haben, ohne allzu
viel Gepäck in den norwegischen
Gebirgen auf Tour zu gehen.

**Den Norske Turistforeningen
(DNT)** 📘 d3
- Youngstorget 1
  0181 Oslo
  Tel. 40 00 18 68
  www.dnt.no

JUGENDHERBERGEN
Dank ihrer Lage sind die über 100
Jugendherbergen, die *vandrerhjem*
genannt werden, häufig ein idealer
Ausgangspunkt für Wanderungen.
Sie stehen jedem offen und haben
fast immer auch Doppel- oder Fa-
milienzimmer.

Es lohnt sich, schon beim Ju-
gendherbergsverband im Heimatland oder bei Norske Vandrerhjem

Ein typisches norwegisches Holzhotel ist das Dalen Hotel am Telemark-Kanal, das auch als
»Märchenhotel von 1894« bekannt ist

(Tel. 91 90 26 09, www.hihostels.no)
die nötigen Infos einzuholen, denn
viele Herbergen sind nur von Juni
bis August geöffnet und bieten auch
nur eine begrenzte Bettenzahl.

Häufig werden auch günstige
Wochenendtarife für Familien angeboten. Informationen erhält man
beim Norwegischen Fremdenverkehrsamt Visit Norway › S. 177.

HOTELS

Typisch ländliche Touristenhotels,
die schon wegen ihrer Lage und der
Villenarchitektur ansprechend wirken, sind preislich für manch positive Überraschung gut. Einfach mal
anzuhalten und zu fragen lohnt sich
auf jeden Fall.

Mögen die Zimmer und Möbel
manchmal auch alt und renovie-
rungsbedürftig wirken, erlebt man
in solchen Häusern oft eine sehr
gemütliche und intime Atmosphäre
mit netten Gastgebern.

In der Hauptreisesaison gibt
es in den meisten Hotels – vor
allem in den Kettenhotels, und
die bilden nach wie vor die
Mehrzahl in Norwegen – deutliche Rabatte. Grund dafür ist,
dass weniger Geschäftsreisende
unterwegs sind und dort ihre
Zimmer buchen.
Viele Hotels sind darüber hinaus
einem Rabattsystem wie dem
Fjord-Pass angeschlossen (www.
fjordtours.com/en/hotels-in-
norway).

Das Hafenviertel Bryggen in Bergen ist ein lebendiger historischer Stadtteil

LAND & LEUTE

STECKBRIEF

- **Offizieller Name:**
  Kongeriket Norge
- **Staatsform:**
  Erbliche konstitu-
  tionelle Monarchie;
  Staatsoberhaupt: König
  Harald V.
- **Fläche:** 385 199 km²
- **Küstenlänge:** Mit Fjorden etwa
  25 000 km
- **Höchster Berg:**
  Galdhøpiggen mit 2469 m
- **Längster Fjord:**
  Sognefjord (204 km)
- **Einwohnerzahl:** 5,3 Mio.
- **Hauptstadt:**
  Oslo (ca. 675 000 Einw.)
- **Religion:** Ev.-luth. Staatskirche

- **Hauptwirtschaftszweige:**
  Öl- und Gasförderung, Fischerei,
  Tourismus, Holzwirtschaft
- **Landesvorwahl:** 0047
- **Währung:** Norwegische Krone (NOK)
- **Zeitzone:** MEZ

LAGE

Norwegen ist der westliche Teil der skandinavischen Halbinsel und erstreckt sich – wie Kopf und Rücken eines Tigers – von Südwesten nach Nordosten. Im Süden wird das Land von der Gebirgskette Skanden durchzogen, die als Wetterscheide fungiert und das Land in einen maritimen Westteil und einen kontinentalen Ostteil gliedert.

Die Hälfte des Landes liegt höher als 500 m, ein Viertel sogar über 1000 m und damit bereits oberhalb der Baumgrenze. Immerhin ein Drittel Norwegens liegt nördlich des Polarkreises. Die Inselgruppen Jan Mayen, Spitzbergen (Svalbard) und die Bäreninseln (Bjørnøya) – noch einige hundert Kilometer weiter nördlich – gehören ebenfalls zu Norwegen. Oslo liegt auf 60° nördlicher Breite, Hammerfest, die nördlichste Stadt der Welt, auf gut 70° nördlicher Breite. Die endlos lange Westküste bleibt dank des Golfstroms bis weit nördlich von Tromsø das ganze Jahr über eisfrei.

POLITIK UND VERWALTUNG

Von den Kommunisten bis zu den Konservativen sind sich in Norwegen alle darin einig, dass das Land einen König braucht – ohne große politische Macht, doch mit schier unbegrenztem Vertrauen ausgestattet. Der 1937 geborene König Harald V. hat dieses Amt seit 1991 inne. Sein Wahlspruch »Alles für Norwegen« und sein Verhalten haben ihm sehr schnell den Beinamen König des Volkes eingetragen.

Wichtigstes Organ in der parlamentarischen Demokratie ist das **Storting,** das Parlament, dessen 169 Abgeordnete direkt für vier Jahre gewählt werden. Seit Oktober 2013 führt Erna Solberg als Ministerpräsidentin eine konservative Minderheitsregierung an. Von den 18 Ministerien wird fast die Hälfte von Frauen geleitet: Die Gleichberechtigung in der norwegischen Politik ist eine Selbstverständlichkeit.

Es gibt eine staatliche Gesundheitsfürsorge, die – ebenso wie Renten und Arbeitslosenversicherung – über die Steuer finanziert wird.

Die **Fylke,** die Regierungsbezirke, haben wesentlich weniger Macht als ein Bundesland in einem föderalen Staat – Straßenbau, Krankenhausverwaltung und die weiterführenden Schulen sind die einzigen Bereiche, in denen sie entscheiden.

Oslo ist mit rund 675 000 Einw. der größte norwegische Regierungsbezirk und die größte der insgesamt 426 Kommunen. Die kleinsten Verwaltungseinheiten kommen dagegen gerade mal auf jeweils 300 Einw.

WIRTSCHAFT

Mag sie auch karg und unwirtlich erscheinen: Die Natur in Norwegen birgt Reichtümer, dank derer das Land im Lauf des 20. Jhs. zu einer Energie-Supermacht herangewachsen ist. Die Rohstoffe im sowie unter dem Meer sind die Hauptgründe dafür, dass Norwegen vom ehemals armen Land der Fischer und Bauern zu einer der reichsten Nationen der Welt aufgestiegen ist. Es gibt weder Kern- noch Kohlekraftwerke, der reichliche Niederschlag im Westen wird zur Erzeugung billiger Energie genutzt, die z. B. der Schwerindustrie Vorteile auf den internationalen Märkten verschafft.

Norwegen verfügt über rund die Hälfte der Erdöl- und Erdgasvorkommen in Westeuropa, doch auch an Norwegens Wirtschaft geht die internationale Ölpreiskrise keineswegs spurlos vorüber. Die Fördermengen sanken, allein 2015 verloren rund 25 000 Menschen ihren Job in der Ölindustrie. Die Regierung plant einen Umbau der Wirtschaft, der die Abhängigkeit des Landes vom Erdöl verringern soll.

Ein wichtiger Wirtschaftszweig ganz anderer Natur ist die Fischerei, heute mit dem modernen Ableger Fischzucht. Die spärlich bevölkerten nördlichen Landesteile sind von den Fischgründen im Nordmeer extrem abhängig, und die Landflucht kann nur durch gute Bedingungen für die Fischerei verhindert werden.

Ölplattform im norwegischen Fjordland

GESCHICHTE IM ÜBERBLICK

8. Jh. Die Wikinger befahren den Atlantik bis nach Schottland, Irland und Island. Von dort segeln sie bis Grönland und nach Nordamerika.

968 Geburt Olav Tryggvassons. Nach mehreren Beutezügen lässt sich der erste norwegische König taufen und widmet sich fortan der Christianisierung Norwegens – mit Waffengewalt.

1152 Norwegen wird Kirchenprovinz mit Erzbischofssitz in Trondheim. Dynastische Thronfolgeauseinandersetzungen, v. a. aber bürgerkriegsartige Machtkämpfe zwischen Königtum, Kirche, Landadel und freien Bauern.

1397 Die Kalmarer Union vereint Schweden, Dänemark und Norwegen unter der dänischen Krone. Weit mehr als die Hälfte der Bevölkerung stirbt an der Pest.

Um 1400 Die Hanse dominiert den Handel an der norwegischen Küste.

1537 Die Reformation erreicht Norwegen; das Dänische wird als offizielle Sprache eingeführt.

1588–1648 König Christian IV. gründet Christiania (Oslo) neu und initiiert viele Bauvorhaben.

1700–1721 Großer Nordischer Krieg. Karl XII. fällt bei der norwegischen Festung Frederikshald.

1750 Das Hanseatische Kontor in Bergen wird aufgelöst.

1814 Im Kieler Frieden tritt Dänemark Norwegen an Schweden ab, doch mithilfe des dänischen Kronprinzen wird eine verfassunggebende Versammlung für Norwegen einberufen. Am 17. Mai wird die Verfassung verabschiedet und die Selbstständigkeit erklärt. Die Folge sind militärische Aktionen der Schweden. Norwegen endet in einer Union mit Schweden.

1905 Die Union wird nach einer Volksabstimmung in Norwegen aufgehoben, das Land wird unabhängig; der aus Dänemark stammende Håkon VII. wird norwegischer König.

1914–1918 Norwegen bleibt im Ersten Weltkrieg neutral.

1935 Die norwegische Arbeiterpartei stellt erstmals die Regierung.

9. April 1940 Die deutsche Wehrmacht greift Oslo und wichtige Hafenstädte an der Westküste an.

7. Mai 1945 Die Besetzung Norwegens endet mit der deutschen Kapitulation.

1949 Norwegen gehört zu den Gründungsmitgliedern der NATO.

Ab 1960 Erste Ertrag versprechende Ölfunde.

1972 Ablehnung der EG-Mitgliedschaft in einer Volksabstimmung.

1991 Harald V. wird nach dem Tod seines Vaters Olaf V. König von Norwegen.

1993 Norwegen tritt dem Europäischen Wirtschaftsraum bei.

1994 Erneut lehnt die Wählermehrheit eine EU-Mitgliedschaft Norwegens ab.

2001 Im August heiratet Kronprinz Håkon die Bürgerliche Mette-Marit.

2005 Norwegen begeht sein 100-jähriges Staatsgründungsjubiläum.
2010 Nach 40 Jahren Verhandlungen schließen Norwegen und Russland einen Seegrenzvertrag für die Barentssee.
2011 Der Bombenanschlag im Regierungsviertel von Oslo am 22. Juli und die kaltblütige Ermordung von 69 Jugendlichen auf der Insel Utøya durch denselben Täter, Anders Behring Breivik, erschüttert das Land.
2013 Ministerpräsident Stoltenberg verliert bei der Wahl und wird von der bürgerlichen Koalition unter Erna Solberg abgelöst.
2016 Die stark gefallenen Ölpreise machen auch Norwegen als weltweit fünftgrößten Öllieferanten zu schaffen. Offshore-Investments werden zurückgefahren.
2017 Norwegens Parlament verabschiedet eine Strategie zur nachhaltigen, friedlichen und innovativen Nutzung der Arktis. Nach den Wahlen im September bilden drei Parteien – die konservative Høyre, die rechtspopulistische Fortschrittspartei und die liberale Venstre – eine Minderheitsregierung, die von der Unterstützung der Christdemokraten abhängig ist.
2018 Norwegens Öffentlichkeit wird im Oktober über die chronische Lungenfibrose von Kronprinzessin Mette-Marit informiert.

NATUR & UMWELT

Blühende Rhododendren an der Westküste, Orchideen im Hochgebirge und Kiefernwälder noch kurz vor dem Nordkap: In Europas nördlichstem Land hält die Natur für Menschen, die sich für Flora und Fauna begeistern, Überraschungen bereit.

Doch der Gesamteindruck deckt sich mit den Erwartungen: Das **arktische Klima** mit seinen bekanntermaßen langen Wintern hält sowohl Pflanzen als auch Bäume im Zaum. Hochebenen, die im Jahr gerade einmal sechs Wochen schneefrei sind, oder Baumgrenzen bis hinunter auf 300 m machen es Pflanzen und Tieren nicht leicht – und dennoch ist Norwegen Ziel der Ornithologen und Botaniker.

Erst 3000 Jahre vor unserer Zeitrechnung war die letzte große Eiszeit endgültig vorbei. Dank einer

Die Rentierzucht ist nach wie vor ein wichtiger Erwerbszweig der Samen

kräftigen Klimaverbesserung entwickelte sich in Norwegen eine **vielfältige Vegetation**. Die Baumgrenze stieg um einige hundert Meter an, und Kiefern- und Birkenwälder bedeckten drei Viertel der norwegischen Gebirge – ideale Bedingungen für die Tiere, die den Rentieren folgten: Wölfe und Vielfraße. In den Wäldern verbreiteten sich darüber hinaus Bären, Luchse, Marder, Elche, Hirsche und Biber. Auch der Mensch begann zu dieser Zeit, Flora und Fauna zu nutzen.

Der große Sprung in die Gegenwart zeigt, dass es in Norwegen fast 1 Mio. Schafe und 200 000 Rentiere gibt. Den großen Raubtieren ging es zunehmend schlechter, besonders in den 1950er- und 1960er-Jahren wurde im großen Stil Jagd auf Bären, Wölfe, Vielfraße und Luchse gemacht, bevor sehr strenge **Schutzbestimmungen** die Restbestände retteten. Diese seltenen Raubtiere sind nun zumindest in kleiner Zahl nach Ost- und Nordnorwegen zurückgekehrt. Die Schutzbestimmungen für Elche und Biber haben zu einem stabilen, z. T. sogar zu großen Bestand geführt, bei anderen bedroh-

---

🐾 SVALBARD – IM REICH DER EISBÄREN

Von Oktober bis Februar herrscht Dunkelheit, die Temperaturen sind nur von Juni bis August über dem Gefrierpunkt, jedoch fallen sie auch nur selten unter − 20 °C. Den größten Teil der Fläche Svalbards, immerhin 61 230 km², bedeckt eine massive Eisschicht. Die Inselgruppe Svalbard mit der Hauptinsel Spitzbergen ist eines der fesselndsten, aber auch eines der ökologisch empfindlichsten Reiseziele Europas. Nichts könnte dieser arktischen Landschaft mit ihrer seltenen Flora mehr schaden als Massentourismus. Die steil aufragenden, spitzen Gipfel im Westen und das Hochplateau im Osten haben weder Pflanzen noch Tiere davon abgehalten, hier Fuß zu fassen. Auch Menschen haben sich hier angesiedelt, doch nur wenige – dies ist das Reich der Polarfüchse und Eisbären.

Im Svalbard-Abkommen von 1920 erhielt Norwegen die Souveränität über den größten Teil der Inselgruppe. Hier gilt norwegisches Gesetz; der sogenannte Sysselmann von Svalbard ist der verlängerte Arm der Regierung. Er hat seinen Amtssitz in Longyearbyen 📱 A4 (ca. 2000 Einw.). Barentsburg und Pyramiden sind russische Bergbausiedlungen, wobei Pyramiden im Jahr 1995 stillgelegt wurde. Untereinander hat man gutnachbarliche Beziehungen entwickelt. 2008 sorgte Spitzbergen für internationale Schlagzeilen, als der damalige Ministerpräsident Stoltenberg und der damalige EU-Kommissionspräsident Barroso die weltgrößte Samenbank für Kulturpflanzen auf Spitzbergen eröffneten. Der »Tresor des Jüngsten Gerichts« soll das Erbgut der wichtigsten Kulturpflanzen auch im Falle eines weltweiten Atomkriegs schützen und Überlebenden einen Neuanfang ermöglichen. Diese moderne Arche Noah befindet sich in einem eisigen Bunker tief im Felsmassiv von Spitzbergen.

ten Tierarten kann der Konflikt zwischen vier- und zweibeinigen Jägern nur durch das Eingreifen des Umweltministeriums kontrolliert werden.

Entlang der gesamten norwegischen Küste gibt es **Vogelinseln**, die Jahr für Jahr Millionen von Papageitauchern, Lummen, Alken und Kormoranen, aber auch mehr und mehr Menschen anlocken. Zum Glück haben Vogelschützer vor Ort für ausreichende Schonzeiten und sichere Abstände zu den Nistplätzen gesorgt, sodass die Vögel in aller Ruhe brüten und ihren Nachwuchs aufziehen können. Ein gar nicht seltener Anblick ist der kreisende Seeadler – auf den Lofoten und Vesterålen ist nicht einmal ein Fernglas nötig, um ihn aus der Nähe zu beobachten. Im Saltfjell-Gebirge und selbst auf der Hardangervidda wurden seit einigen Jahren wieder die seltenen Schneeeulen gesichtet, die in den regelmäßig wiederkehrenden Lemming-Jahren (Massenwanderungen auf der Suche nach günstigem Lebensraum in Jahren besonders starker Vermehrung) einen reich gedeckten Tisch vorfinden.

Ein Blick auf den Boden zeigt, dass auch die **arktische Flora** aus überwiegend Flechten und Moosen für Überraschungen gut ist: Im Saltfjell-Gebirge nördlich des Polarkreises etwa sorgt ein kalkhaltiger Boden dafür, dass im kurzen Sommer inmitten riesiger Felder mit Silberwurz die seltene Lappenrose, eine wild wachsende Rhododendronpflanze, erblüht.

UMWELTBEWUSSTSEIN UND UMWELTSCHUTZ

Eine wirtschaftliche Alternative für die von der Entvölkerung bedrohten Landstriche hoch im Norden bietet der **Fremdenverkehr,** der heute mehr Geld einbringt als die traditionell betriebene Fischerei.

Dass der Aspekt einer sauberen Umwelt gerade in Norwegen eine sehr große Rolle spielt, wissen auch die Behörden. In einem so großen Land mit so wenigen Einwohnern bietet sich die wirtschaftliche Nutzung der reichlich vorhandenen Rohstoffe zwar an, doch ist die staatliche **norwegische Umweltpolitik** darauf ausgerichtet, negative Folgen der Industrieproduktion kräftig zu besteuern. Norwegische Betriebe zahlen heute die höchsten CO_2-Abgaben Europas, und in der wichtigen Holz verarbeitenden Industrie haben die Auflagen des Staates besonders im dicht besiedelten Südosten des Landes dazu beigetragen, dass Wasser und Luft sauberer geworden sind. Die wichtigste Herausforderung der Zukunft ist, den Ausstoß der »ewigen Flammen« über den Nordseeplattformen deutlich zu reduzieren.

FAUNA UND FLORA

Die insgesamt 46 **Nationalparks** in Norwegen (davon sieben auf Spitzbergen) umfassen heute rund 65 000 km². Hinzu kommen Natur- und Landschaftsschutzgebiete. Wenn der Landschaftsplan von 1985 endgültig realisiert ist, werden etwa 10 % des Landes unter Naturschutz stehen. Norwegens Natur ist, je höher und nördlicher man kommt, äußerst empfindlich. In den letzten Jahren eingerichtete Nationalparks wie das Saltfjell-Gebirge oder der

Gletscher Jostedalsbreen sind Reaktionen auf den Wunsch der Energiewirtschaft, Wassermengen und Gefälle zu nutzen.

Im **Rondane-Gebirge** östlich des Gudbrandsdalen wurde 1962 der erste Nationalpark eingerichtet. Zehn über 2000 m hohe Gipfel überragen eine äußerst karge Vegetation; das trockene, kalte Klima und heller Sandstein hemmen das Wachstum, nur Flechten überziehen die Landschaft im Sommer mit einer braun-grünen Schicht. Und dennoch ist Rondane ein stark besuchtes und familienfreundliches Wandergebiet mit vielen markierten Wegen. Das vom Norwegischen Bergwanderverein DNT auf Felsen aufgetragene rote »T« zeigt die besten Routen an. So verläuft man sich nicht und schont die empfindliche Natur, denn die spärliche Vegetation kann durch einen einzigen Schritt auf viele Jahre zerstört werden. Motorisierte Fahrzeuge sind aus den Nationalparks verbannt. Viele Besucher gehen mehrere Kilometer, bis ihnen bewusst wird, dass sie von absoluter Stille umgeben sind.

2000 km weiter nördlich, im Dreiländereck zwischen Norwegen, Finnland und Russland, liegt der blühende Nationalpark **Øvre Pasvik** mit artenreicher Flora unter dem dichten Kiefernwald. Gleichmäßige Niederschläge und nährstoffreiches Gestein sorgen für ideale Wachstumsbedingungen. Der Nationalpark zeichnet sich durch seine Vielfalt aus: Mächtige Täler, Seen und Wasserfälle bilden eine eindrucksvolle Landschaftskulisse. Hier ist ein Paradies für Vögel, Elche und Vielfraße; Norwegens größte **Bärenkolonie** ist im Pasvik herangewachsen. Gerade das Beispiel Øvre Pasvik zeigt, dass die Rettung unberührter Landschaften oft auch einen internationalen Aspekt hat. Nur wenige Kilometer vom Park entfernt sind in der Umgebung der russischen Stadt Nikel nur noch sterbende Wälder zu sehen. Erfreulicher ist, dass in Norwegen zwischen 2011 und 2013 fünf neue Nationalparks eingeweiht werden konnten: Langsua, Rohkunborri, Fulufjellet, Láhku und der Færder-Nationalpark im Oslofjord.

Braunbären sind tag- und nachtaktiv

Begegnungen mit Braunbären sind vor allem im Nationalpark Øvre Pasvik nicht auszuschließen. Normalerweise greifen sie den Menschen nicht an. Der Pfeifton eines fressenden Bären ist jedoch die deutliche Aufforderung, langsam, aber entschlossen den Rückzug anzutreten. Wer in dieser Situation in Panik die Flucht ergreift, fordert die Tiere zu einem Wettlauf heraus, den man mit Sicherheit verlieren wird.

🗩 WILDLIFE NORDISCH

Der König der Wälder ist auch ein guter Schwimmer und kann sogar tauchen

Wo wenig Menschen leben, findet man meist eine reiche Tierwelt vor. Elche, Rentiere, Steinadler, selbst Moschusochsen und Wale tummeln sich in den oft menschenleeren Weiten der Gebirge bzw. Küstengewässer. Wer mit offenen Augen durch das Land der Fjorde und Fjells reist, trifft mit etwas Glück das ein oder andere Exemplar. Wer ganz sichergehen will, kann sich einer der vielen Tiersafaris anschließen.

ELCH – KÖNIG DER WÄLDER

Den größten Elchbestand, in ganz Norwegen sind es ca. 200 000 Tiere, gibt es in der Berg- und Küstenregion Südnorwegens sowie in den weiten Wäldern Ostnorwegens. Die Trefferquote auf den von zahlreichen Fremdenverkehrsämtern angebotenen Elchsafaris liegt bei fast 100 %, kennen doch die Guides vor

Ort die Gepflogenheiten ihrer Vierbeiner. Auf leisen Sohlen oder mit vorsichtigen Paddelschlägen kommt man hier auch den bauwütigen Bibern in ihren mächtigen Burgen sehr nahe.

Fast alle Fremdenverkehrsämter in Südnorwegen und viele in Ostnorwegen bieten Elch- und Bibersafaris an, zum Beispiel:
- Rauland Turist AS 📕 B13
  3864 Rauland | Telemark
  Tel. 35 06 26 30 | www.visitrauland.com
- TrollAktiv 📕 B14
  4735 Evje | Tel. 37 93 11 77
  http://trollaktiv.no

ZOTTELIG – WILDE MOSCHUSOCHSEN

Im Dovrefjell › S. 140 streifen Europas einzige in freier Wildbahn lebende Moschusochsen durch die Ödnis. Die Safariteilnehmer müssen eine

respektvolle Distanz zum begehrten Beobachtungsobjekt einhalten. Die an Bisons erinnernden Urviecher, die allerdings viel näher mit Ziegen verwandt sind, können nämlich unvermutet zur Attacke übergehen. Ausgangspunkt für die Safari sind z. B. Oppdal, Dovre und Kongsvold.
> mehr S. 12 Punkt **7**

- **Oppdal Safari** 🖼 C10
  O. Skasliens veg 1
  7340 Oppdal
  Tel. 98 69 32 00
  www.moskussafari.no
  Mitte Juni–Mitte Aug. tgl. um 10 Uhr,
  Mitte Aug.–Anfang Sept. nur Di, Do,
  Sa, So; Dauer zwischen 5 und 7 Std.;
  450 NOK; Gruppen auch in der Vor-
  und Nachsaison; Fahrt bevorzugt
  mit eigenem Pkw

BIRDWATCHING AUF DEN INSELN

Zu den Seevogelreservaten auf den Inseln Runde, Røst und Utsira, südwestlich von Haugesund, werden im Sommer Bootstouren veranstaltet. Zu sehen sind unter anderem Nistplätze von Papageitauchern sowie Trottellummen. Manche Kolonien bestehen aus mehreren Hunderttausend Vögeln, die einen ohrenbetäubenden Lärm veranstalten.

- **Allgemeine Infos**
  www.visitnorway.com
  (Menüpunkt: Sehen und erleben/Abenteuer in der freien Natur/Safaris)
- **Goksøyr Camping** 🖼 A10
  6096 Runde
  Tel. 70 08 59 05
  www.insel-runde.de
  Mai–August tgl. drei Rundfahrten;
  250 NOK, bis 14 Jahre 100 NOK

- **Puffin Safari** 🖼 F3
  Bleik
  Andøya/Vesterålen
  Tel. 90 28 17 72 oder
  Tel. 90 83 85 94
  www.puffinsafari.no
  1,5-stündige Tour zu Papageitauchern und Seeadlern; 450 NOK, Kinder 250 NOK
- **Utsira Fuglestasjon**
  Insel Utsira
  Tel. 90 02 34 61
  www.utsirafuglestasjon.no
  Im Sommer; Preise nach Absprache

WALE VORAUS!

Die wohl spektakulärste Form der Tierbeobachtung sind Walsafaris vor der nordnorwegischen Küste. Die bekanntesten Ausgangspunkte für die halb- bis ganztägigen Hochseetrips zwischen Mitte Mai und Mitte September sind Andenes und Stø auf den Vesterålen-Inseln. Mit ein wenig Glück kommt man der mächtigen Fluke von bis zu 40 t schweren Pottwalen nahe oder erlebt das unbeschwerte Spiel von Schwertwalen. Manchmal entdeckt man auch den einen oder anderen Minkwal, mit einer Länge von 8,5 m der Zwerg unter den Bartenwalen.

Das Walzentrum in Andenes bietet ein informatives Multimediaprogramm und Ausstellungen über Walforschung und Walfang (im Sommer tgl. 8–20 Uhr).

- **Hvalsafari AS** 🖼 F3
  8483 Andenes
  Tel. 76 11 56 00
  www.whalesafari.no
  Qualifizierter Anbieter für Walsafaris im Sommer und Winter; Sommertouren 990 NOK, 5–13 Jahre 690 NOK

DIE MENSCHEN

Rechnet man die bewohnte Inselgruppe Svalbard mit, so leben in Norwegen rund 5,3 Mio. Menschen – das sind etwa 13 pro km². Natürlich gibt es sehr viele unbewohnbare Gebirgsregionen, doch bleibt für jeden Einwohner reichlich Platz.

In der Region Finnmark, im äußersten Norden, gibt es bis heute Siedlungen, die mehr als 100 km vom nächsten bewohnten Flecken entfernt liegen. Ganz anders sieht es im Süden aus: Um die Städte Oslo, Bergen, Stavanger und Trondheim herum ziehen sich Ballungsräume. 75 % der norwegischen Bevölkerung leben in Städten oder deren Einzugsgebieten – und die sind in Südnorwegen besonders ausgeprägt. Nördlich von Trondheim nimmt die Bevölkerungsdichte rasch ab.

Eine Folge des starken Süd-Nord-Gefälles ist die sog. Distriktspolitik des Staates, die u. a. den Bewohnern der nördlichen Landesteile Steuervorteile gewährt. Ziel der Distriktspolitik ist die Erhaltung der Wirtschafts- und Besiedlungsstrukturen in diesen Landesteilen, also die Verhinderung der Abwanderung nach Süden.

Etwas über 8 % der norwegischen Bevölkerung sind Menschen anderer Nationalitäten, wobei über die Hälfte von ihnen aus den übrigen europäischen Ländern oder Amerika stammt. Es kann am Klima, eher jedoch an einer rigiden Einwanderungspolitik liegen, dass Norwegen auch im 21. Jh. ein bevölkerungsmäßig relativ homogenes Land ist.

SAMEN

Die Samen sind eine ethnische Minderheit auf der Nordkalotte (die nördlichste Region auf der skandinavischen Halbinsel). In Norwegen sind sie allerdings auch in den südlicheren Provinzen zu Hause. Neueren Schätzungen zufolge gibt es etwa 90 000 bis 140 000 Samen, davon leben ca. 60 000 bis 100 000 in Norwe-

Osterfest der Samen im hohen Norden

gen. In den letzten 30 Jahren haben die Samen ein zunehmendes Selbstbewusstsein entwickelt – und die offizielle norwegische Politik gegenüber dieser Minderheit hat sich stark geändert. Die Samen hingen ursprünglich einer **schamanistischen Religion** an. Man glaubte, sie christianisieren zu müssen, weshalb man bereits im 12. Jh. in den samischen Gebieten Kirchen baute. Die Nomaden waren Grenzgänger, die sich mit ihren Rentierherden über die Großmachtpolitik hinwegsetzten und dort hinzogen, wo schon ihre Vorfahren Weideland gefunden hatten. Seit dem Mittelalter bis in die Moderne hinein wurde dieses Volk diskriminiert, doch als Ende der 1970er-Jahre mit der Aufstauung des Alta-Flusses in Nordnorwegen riesige Weideflächen verloren gingen, kam es zum Aufruhr der Samen.

Heute erhält jeder Same Unterricht in samischer Sprache. Mit einem Gesetz verpflichtete sich der norwegische Staat 1988, alles zu tun, um der samischen Volksgruppe den Erhalt ihrer Sprache, ihrer Kultur und ihrer traditionellen Lebensweise zu ermöglichen. Seit 1989 gibt es ein Samen-Parlament **(Sameting)**, das von allen Samen direkt gewählt wird und seinen Sitz im samischen Hauptort Karasjok in der Provinz Finnmark hat. Zwar ist der Einfluss des Parlaments auf die Politik in Oslo nicht sonderlich groß, doch werden in Oslo auch keine die Samen angehenden Beschlüsse gefasst, ohne dass vom Sameting in Karasjok eine positive Rückmeldung vorliegt. Die Rentierzucht, traditionell neben der Fischerei der wichtigste Erwerbszweig der Samen, verändert sich, weil die arbeitsintensive Methode mit langen Wanderungen zu saftigen Weidegebieten zu hohe Kosten verursacht. Auch hier ist Rationalisierung erstes Gebot. Rentierfleisch macht zwar nur 1 % der norwegischen Fleischproduktion aus, doch die Nachfrage steigt. Traditionen sind nur gut, wenn man damit Geld verdienen kann, sagen sich auch die Samen. Also ziehen immer mehr von ihnen (vor allem die jüngeren) in den Süden des Landes.

Die in der Finnmark verbliebenen Samen sehen mit Interesse, dass die Zahl der **Touristen** wächst. Wer den Traditionen der Samen näherkommen möchte, sollte dies in den Wintermonaten tun: Eisfischen, Fahrten mit dem Rentier- bzw. Hundeschlitten oder Schneescooter unter dem Nordlicht sind unvergessliche Erlebnisse. Im Sommer trifft man an den Hauptverkehrsrouten häufig auf Samenlager. Hier werden mehr oder weniger originelle Souvenirs und typisch samisches Essen wie **Bidos** (Rentiereintopf) verkauft. Ein Stopp lohnt sich aber auch, um nur die Samen in ihren bunten Trachten und die Handvoll Rentiere einmal aus der Nähe zu betrachten.

SPRACHE

Offiziell leistet sich Norwegen den Luxus von zwei Schriftsprachen, das *bokmål* und das *nynorsk*. Toleranz hat auch in Norwegen ihre Grenzen, beim Sprachenstreit hört sie auf. Schüler erhalten jedoch Unterricht in beiden Sprachen. Nynorsk und Bokmål unterscheiden sich für Außenstehende

Der Nationalfeiertag am 17. Mai wird in ganz Norwegen groß gefeiert

wenig, doch für das Selbstbewusstsein vieler Norweger ist es von großer Bedeutung, dass sie ihre jeweilige Sprache benutzen dürfen. Die vielen Dialekte sind bis heute sehr lebendig. Ende der 1980er-Jahre sollte das Telefonbuch für die Nynorsk-Region Hordaland – dort leben immerhin 10 % der Gesamtbevölkerung – in eben dieser Sprache gedruckt werden. Unglücklicherweise liegt dort die Großstadt Bergen, wo Nynorsk als Bauernsprache verpönt ist. Nach langen Streitereien mussten die Bokmål sprechenden Bergener akzeptieren, dass das Telefonbuch nicht in ihrer Sprache erschien.

RELIGION UND TOLERANZ

Die Homogenität der Bevölkerung spiegelt sich in der Religion wider: Rund 73 % aller Norweger gehören der **protestantischen norwegischen Kirche** an, die römisch-katholische Kirche zählt dagegen nur etwa 100 000 Menschen. Aktive Christen sind die Norweger deswegen aber nicht, denn gerade mal 3 % von ihnen rechnen sich zu den regelmäßigen Kirchgängern. Doch ist die Rolle der christlichen Glaubensgemeinschaften im puritanischen Westen und die der Christlichen Volkspartei in der norwegischen Politik nicht zu unterschätzen. Das staatliche Monopol beim Spirituosenverkauf ist dafür ein Beispiel. Beim Thema Partnerschaft kommt die norwegische Toleranz zum Ausdruck: Schon seit 2009 garantiert das **geschlechtsneutrale Ehegesetz** gleiche Rechte für alle Paare unabhängig von ihrer sexuellen Ausrichtung. Und lange Zeit vorher hatten »wilde Ehen« finanziell und rechtlich den gleichen Status wie traditionelle Ehen.

KUNST & KULTUR

Zwischen 900 und 1300 entfaltete sich im Zuge der politischen Selbstständigkeit und ersten wirtschaftlichen Blüte eine norwegische Kultur.

Die »vierhundertjährige Nacht« hingegen, wie die Zeit der dänischen Herrschaft (1397–1814) immer noch mit bitterem Unterton genannt wird, hat in der norwegischen Kultur kaum Spuren hinterlassen. Bereits in der Nationalromantik (nach 1830) begann, was noch heute zu sehen ist: Das Mittelalter ist in. In den 1990er-Jahren wurde das kulturelle Schaffen im Land der Mitternachtssonne vor allem mit kräftiger öffentlicher Hilfe und dank der Olympischen Winterspiele in Lillehammer 1994 auch im Ausland präsent. Was bisher an berühmten Namen wie Munch, Grieg, Ibsen oder Hamsun festgemacht wurde, sollte nun in seiner ganzen Breite vermittelt werden.

LITERATUR – VON ALTEN MYTHEN ZUR GEGENWART

Das norwegische Kulturerbe zu bewahren war ein wichtiger Impuls für **Jørgen Moe** und **Peter Christen Asbjørnsen:** Sie gaben 1852 »Norske Folkeeventyr« heraus, die erste komplette Sammlung norwegischer Sagen und Märchen.

Henrik Ibsen (1828–1906) schrieb historische Dramen und verarbeitete nationale Mythen in dem dramatischen Gedicht »Peer Gynt«. Der erste realistische Roman, »Amtmandens Døtre« (Die Töchter des Amtmanns), erschien im Jahr 1854. Die Autorin **Camilla Collett** (1813–1895) klagte hier die Rechte der Frau erstmals in literarischer Form ein. Ihre Angriffe gegen die Männergesellschaft der Zeit setzte **Amalie Skram** (1846–1905) in ihren Romanen fort. Zu Lebzeiten war sie unter ihren männlichen Kollegen in Skandinavien heftig umstritten, heute zählt sie zu den großen europäischen Naturalisten.

Seine Liebe zu Deutschland rückte den bekanntesten norwegischen Romancier und Literaturnobelpreis-

---

💬 SPANNENDE KRIMIS

- Kjell Ola Dahl: **Rein wie der Tod** (Bastei Lübbe) und **Blutfeinde** (Lübbe Ehrenwirth)
- Karin Fossum: **Böser Wille** und **Wer anders liebt** (beide erschienen im Piper Verlag)
- Anne Holt: **Kammerflimmern** und **Gotteszahl** (beide erschienen Piper Verlag)
- Fredrik Skagen: **Das dritte Opfer** und **Im Sog der Nacht** (beide erschienen im Heyne Verlag)
- Gunnar Staalesen: **Von Angesicht zu Angesicht** (Fischer) und **Wie in einem Spiegel** (Scherz)
- Fans skandinavischer Krimis finden hier eine gute Übersicht: www.krimi-couch.de.

träger, **Knut Hamsun** (1859–1952), nach dem Zweiten Weltkrieg in ein zweifelhaftes Licht. Doch unbestreitbar ist, dass er der erste im Ausland ernst genommene Romanschriftsteller Norwegens war und seine Werke heute in aller Welt gelesen werden.

Besonders hervorzuheben ist die norwegische Kinder- und Jugendliteratur. Interessante Autorennamen sind zum Beispiel Anne Catharina Vestly (1920–2008), Torbjørn Egner (1912–1990) und natürlich der Bestsellerautor **Jostein Gaarder** (»Sofies Welt«).

In der Regel haben nur einzelne Werke aus Norwegen im Ausland Erfolg. Romane von Gerd Brantenberg, Herbjørg Wassmo, Erik Fosnes Hansen und Ingvar Ambjørnsen, Novellen von Kjell Askildsen und Bjørg Vik finden sich auch in deutschen Übersetzungen, doch so bekannt wie Knut Hamsun oder Henrik Ibsen werden sie wohl nicht.

ARCHITEKTUR – NORWEGIAN WOOD

Es gibt nur noch 28 Stabkirchen, wobei die Kirchen von Heddal, Urnes und Borgund zu den bekanntesten gehören. Diese frühchristlichen Holzkirchen entstanden in der ersten Blütezeit von 900 bis 1300 und sind faszinierende Zeugnisse einer technisch durchdachten und künstlerisch vielfältigen Architektur, die mit Holzmaterialien arbeitete. Gemeinsam ist ihnen, dass sie im Unterschied zu der Blockhausbauweise Pfahlwände (daher auch der Name Stabkirchen) haben.

Typisch für die meisten der noch erhaltenen Stabkirchen ist ein einfacher und recht kleiner Innenraum mit Kirchenschiff und schmalem Chor. Jede Stabkirche unterscheidet sich jedoch in der Gestaltung von Fenstern, Türen und Innenraum von den anderen. Die Ornamente an den Portalen sind künstlerische Feinarbeit, und nicht selten lassen sich die Motive eher der vorchristlichen Wikingerzeit als dem christlichen Norwegen zuordnen.

KOSTENLOSER KUNSTGENUSS

- Die **Nationalgalerie** in **Oslo** besitzt die größte Gemäldesammlung norwegischer Künstler, darunter natürlich auch viele Werke von Edvard Munch. Immer donnerstags ist freier Eintritt. › S. 72
- Das Lebenswerk des Bildhauers Gustav Vigeland kann man im **Osloer Vigelandpark** bestaunen. Neben dem monumentalen Obelisken gibt es noch rund 200 weitere, teils recht eigenwillige Skulpturen. › S. 75
- Am Fluss Bøla, nördlich von Steinkjer, haben die Menschen der Jungsteinzeit ein lebensgroßes Rentier, das **Bølareinen,** in den Fels geritzt. › S. 150
- Die **Skulpturlandschaft Nordland** besteht aus 35 Kunstwerken von 35 verschiedenen Künstlern. Diese Galerie unter freiem Himmel verteilt sich auf die gesamte Provinz Nordland. › S. 155

Auch in der Gegenwart wählt die typisch norwegische Architektur Holz als Baustoff; in der ästhetischen Gestaltung sind wieder Bezüge zum Mittelalter deutlich. Als erster skandinavischer Architekt wurde 1997 der Norweger **Sverre Fehn** (1924–2009) mit dem Pritzkerpreis, dem »Nobelpreis für Architektur«, ausgezeichnet.

MALEREI – DIE NATIONALROMANTIK UND MUNCH

In der Malerei der Neuzeit lässt sich vor allem eins erkennen: Wer etwas werden wollte, ging ins Ausland. Die Nationalromantiker Adolph Tidemand (1814–1876) und Hans Gude (1825–1903) sowie später auch Johan C. C. Dahl (1849–1937) lernten bzw. lehrten mangels eigener Traditionen in Deutschland. Ihre Landschaftsgemälde und Motive aus dem bäuerlichen Leben sind die stark gefühlsbetonte künstlerische Umsetzung eines neuen Nationalgefühls in einer jungen Nation.

Edvard Munch (1863–1944) war einer der Ersten, der sich von der romantischen Darstellung klar distanzierte. Er gilt heute als Mitbegründer des Expressionismus und Pionier in der Entwicklung der grafischen Kunst, hielt sich über lange Perioden seines Lebens in Berlin auf und war zu Lebzeiten in Deutschland bekannter als in Norwegen. Das Munch-Museum und die Nationalgalerie in Oslo sowie die Rasmus-Meyer-Sammlung in Bergen geben einen sehr guten Einblick in das Werk dieses produktiven Künstlers.

Von den norwegischen Gegenwartsmalern sind insbesondere Jakob Weidemann (1923–2001) mit seinen abstrakten Naturbildern, der figurative Expressionist Frans Widerberg (1934–2017) und der zum Teil heftig diskutierte, 1944 geborene Odd Nerdrum mit seinem Hang zum Neoromantizismus zu erwähnen.

Die Rasmus-Meyer-Sammlung in Bergen besitzt viele Werke von Edvard Munch

BILDHAUEREI

Auch den Bildhauer **Gustav Vige-land** (1869–1943) zog es regelmäßig in den Süden. Hier fand er die Künstlerkreise und die Inspiration, die seine Werke aus dem Mittelmaß heraushoben. Fachleute erkannten sehr früh das Genie Vigelands, doch für sein Auskommen reichte das nicht. Vigeland bot daher der Stadt Oslo 1921 sein Lebenswerk an und erhielt dafür als Gegenleistung ein Atelier und einen Park. Heute ist der **Vigelandpark** das beliebteste Ausflugsziel in Norwegen, und die von dem Bildhauer geschaffenen

Mehr als 200 Skulpturen, alle von Gustav Vigeland, stehen im Osloer Vigelandpark

Monumentalfiguren sind weltberühmt. Bekanntestes Werk der Bildhauerin **Anne Grimdalen** (1899–1961), die aus der Telemark stammte, sind die Skulpturen am und die Gemälde im Osloer Rathaus.

KUNSTHANDWERK – ROSENMALEREI

Die ältesten Rosenmalereien *(rosemalings)* stammen vom Anfang des 18. Jhs. Diese einzigartige dekorative Maltechnik verwendet zwar Rosen in verschiedener Form und Größe als eines der Hauptmotive, doch sind Rosen nicht die einzigen Motive, weshalb man besser von »Bauernmalerei« sprechen sollte. Mit Rosenmalerei konnte vom Holzlöffel bis zu den Wänden der guten Stube praktisch alles verziert werden, wobei jedes Tal seinen eigenen Stil entwickelt hat. Diese Tradition hat sich bis heute erhalten.

MUSIK – JOIKS, JAZZ UND JUNGE KLASSIKER

Noch mehr als die Literatur war und ist die norwegische Musik vergangenen Zeiten verpflichtet. Volksmusik ist auch heute noch eine wichtige Quelle für die Komponisten.

Der herausragende und international bekannteste Komponist norwegischer Klassik ist ohne Zweifel **Edvard Grieg** (1843 bis 1907). Sein Leben und Werk spiegeln die beiden wichtigsten Tendenzen in der norwegischen Kultur wider: Seine Kompositionen greifen auf Motive aus der Volksmusik bis ins frühe Mittelalter zurück. Der Künstler selbst lebte zunächst jahrelang im Ausland, bevor er im eigenen Land anerkannt wurde.

Griegs Nachfahren haben es leichter: Der Saxofonist **Jan Garbarek** oder die Sängerin **Marie Boine,** selbst eine Sami, wählen gern traditionelle samische Gesänge, die sogenannten *joiks,* als Grundlage ihrer Kompositionen, während der Bassist **Arild Andersen** mit Vorliebe Volksmusik aus bäuerlichen Traditionen in seine Kompositionen integriert. Die Festivals in Oslo, Molde, Kongsberg und Voss sind heute fester Bestandteil des internationalen Jazzkalenders.

In den internationalen Konzertsälen fühlen sich mittlerweile eine große Gruppe junger norwegischer Interpreten sowie die Symphonieorchester von Oslo und Bergen zu Hause. Auch auf dem Gebiet der Popmusik erobern junge Talente aus dem nördlichsten Land Europas Discos und Medien – so die aus Bergen stammenden Bands Röyksopp und Datarock sowie die Gitarre, Mandoline und Mundharmonika spielende Rockpoetin Maud Larsen, die 2006 den MTV Europe Music Award gewann.

Spätestens seit sie zusammen mit Plácido Domingo 1994 die Olympiahymne der Winterspiele von Lillehammer gesungen hat, ist Sissel Kyrkjebø auch außerhalb Norwegens bekannt. Seit mittlerweile über 20 Jahren fasziniert sie ihr Publikum mit ihrer unglaublichen Stimme und einem Repertoire, das von Pop bis Klassik reicht.

FESTE & VERANSTALTUNGEN

Die genauen Termine und Kontaktadressen zu den nachfolgenden Events und zu vielen weiteren Veranstaltungen landesweit bietet die Internetseite www.norwayfestivals.com.

FESTKALENDER

Januar: Internationales Filmfestival (www.tiff.no) und Nordlichtfestival in Tromsø.

Februar: Zweiwöchiges Opernfestival in Kristiansund.

März/April: Vossajazz im westnorwegischen Städtchen Voss eröffnet die Jazzsaison am Palmsonntag (http://vossajazz.no). Samisches Osterfest in Kautokeino und Karasjok: eine Woche lang Musik, Märkte und am Ostersamstag Weltmeisterschaft im Rentierschlittenrennen.

Ende Mai/Anfang Juni: Internationale Festspiele in Bergen mit rund 180 Veranstaltungen, darunter eine Vielzahl von Konzerten, Oper, Theater und Tanz (www.fib.no). Nachtjazz in Bergen (www.nattjazz.no).

Anfang Juni: Wikinger- und Mittelalterfestival in Bergen (www.bjorgvinmarknad.no).

Mitte/Ende Juni: Oslo Pride, größtes Festival für Homosexuelle in Norwegen (Filme, Konzerte, Kunstausstellungen u.v.m.; www.oslopride.no).

Ende Juni: Nordnorwegen-Festspiele in Harstad (historisches Schauspiel, Folklore, Ballett und Kunstausstellungen; www.festspillnn.no).

Anfang Juli: Kongsberg Jazzfestival (www.kongsbergjazz.no).

Juli: Gladmat Festival, Skandinaviens größtes Food-Festival in Stavanger (www.gladmat.no). St.-Olavs-Spiel in Stiklestad, nördlich von Trondheim, ist das bekannteste norwegische historische Amateur-

Im August findet das Holzbootfestival in Risør statt

schauspiel über Olav den Heiligen (http://stiklestad.no).

Mitte–Ende Juli: Internationales Jazzfestival in Molde (www.moldejazz.no).

Juli/August: Sommerfestival mit Künstlern der nationalen und internationalen Musikszene in Melbu auf den Vesterålen.

August: Internationales Folkmusikfestival in Bø in der Telemark. Das **Nordland Music Festival** bietet ein vielfältiges Programm in und um Bodø. Südnorwegische Küstenkultur erlebt man beim **Internationalen Holzbootfestival** in Risør. **Kammermusikfesti**vals in Oslo und in Stavanger (Mitte August). In der ersten Augusthälfte finden die **Ibsen- und Hamsuntage** in Grimstad statt (www.ibsenhamsun.no). In Oslo trifft man sich Mitte August zu einem großen **Jazzfestival** (www.oslojazz.no).

Anfang September: Gourmetfestival in Bergen am alten Hansehafen (www.matfest.no).

September: Oslo-Marathon. Kammermusikfestival in Trondheim.

Mitte Dezember: St. Lucia-Fest, sehr stimmungsvoll auf dem Fløyen in Bergen.

ESSEN & TRINKEN

In den größeren norwegischen Städten ist es eine Frage des Geldbeutels, ob man in einem Restaurant Gerichte wie Lasagne oder Quiche bestellt oder in einer Gatekjøkken, was der Imbissstube am nächsten kommt, für Fast Food bezahlt.

Auf dem Land hingegen sind die Köche davon überzeugt, dass Einheimischen und Reisenden norwegisches Essen schmeckt. Also gibt es Frikadellen *(kjøttkaker)*, Räucherwurst *(røkepølse)* oder gekochtes Lammfleisch mit Rübenmus. Natürlich sollte man diverse Fischgerichte probiert haben und – wenn man sich an Hammel oder eingelegten Fisch gewöhnt hat – eine Einladung zu einem norwegischen Festessen annehmen. Hier hat sich die deftige Kost der Fischer und Bauern behauptet. Die regionalen Unterschiede in den Essgewohnheiten sind auch heute noch deutlich ausgeprägt.

TRADITIONELLES UND NEUES

Trotzdem: Die Alltagskost ist in Norwegen internationaler geworden, an Festtagen allerdings werden auch weiterhin echt norwegische Gerichte serviert. Den Norwegern heilig ist ihr tägliches Brotpaket– bestehend vorwiegend aus zwei bis drei Scheiben Brot, belegt mit braunem Ziegenkäse, Hammelsalami *(fårepølse)* und fettarmem weißem Käse. Spitzenreiter unter den Mittagsgerichten sind Frikadellen *(kjøttkaker)*, meist serviert mit brauner Soße und Erbsenmus. Fischfilet vom Seelachs oder Dorsch folgt auf dem zweiten Platz, während die Milchreis die beliebteste Samstagsspeise zur Mittagszeit ist. Diese traditionellen Speisen aus dem Inland oder dem Fischermilieu wurden im Lauf der Jahrhunderte nur leicht variiert. Dazu gehören auch die Fischfrikadellen *(fiskekaker)*, das getrocknete, ultradünne Fladenbrot *(flatbrød)* und ein echt norwegischer Labskaus.

TOLLE FISCHRESTAURANTS

- **Enhjørningen,** das »Einhorn« in **Bergen,** bietet beste norwegische Küche – märchenhaft. › S. 108
- **XL Diner** heißt seine Gäste mit tollen Variationen von Bacalao im Herzen von **Ålesund** willkommen. › S. 121
- **Havfruen,** die »kleine Meerjungfrau« in **Trondheim,** serviert traditionelle Landesküche, verfeinert mit neuen Ideen. › S. 150
- **Fiskekompaniet** im Hafen von **Tromsø** lädt zu einer kulinarischen Meeresreise ein. › S. 165
- Das Restaurant des **Nordkapp Turisthotell** in **Skarsvåg,** dem nördlichsten Fischerdorf der Welt, versteht sich auf hervorragende Fischgerichte. › S. 168

GESUND MUSS ES SEIN

Wichtigstes Kennzeichen des norwegischen Alltagsessens ist, dass es gesund, sprich fettarm sein soll. Soßen werden zu den wenigsten Gerichten gereicht, und die Portionen in den Restaurants sind nicht gerade reichlich. Der Vorsatz, gesund zu essen, wird jedoch für die Festtage in nationaler Eintracht ignoriert. Das wohl einfachste, gleichzeitig deftigste Gericht ist *rømmegrøt,* ein Brei aus Weizenmehl und fettem Sauerrahm, der an Milchreis erinnert. Am 17. Mai, dem Nationalfeiertag, oder auch zu Ostern oder Weihnachten, v. a. aber in den Berghütten, wird er mit Johannisbeersaft serviert. Wer sich über die kleinen Portionen wundert, sollte im Restaurant mit der Beschwerde warten, bis der Teller leer ist.

An Heiligabend gibt es gekochten Dorsch, gekochte Hammelrip-

An langen Gestellen wird Stockfisch getrocknet

pen *(pinnekjøtt)*, in Salzwasser eingelegten Stockfisch *(lutefisk)* oder auch Schweinerippchen – kräftige Kost, die mit Bier und Aquavit hinuntergespült und mit Sahnekuchen, Kaffee und Cognac abgeschlossen wird.

BELIEBT IST WILD
Die Jagd erfreut sich großer Beliebtheit, und bis heute gibt es in arktischen Breiten samische Rentierzüchter. Besonders interessante Gerichte sind Elch- und Rentiersteak oder auch Rentiergeschnetzeltes *(finnebiff)*.

BIER UND AQUAVIT
Schon die Wikinger verstanden sich aufs Bierbrauen. Es gibt die verschiedensten regionalen Sorten.

Der wichtigste hochgeistige Exportartikel, der Linie Aquavit, wird zur Reifung über den Äquator geschippert. > mehr S. 18 Punkt **37** Allein in Deutschland werden pro Jahr etwa 500 000 l Kümmelschnaps mit Äquatorsiegel konsumiert.

Spirituosen unterliegen staatlicher Kontrolle und sind nur in lizensierten Restaurants sowie den staatlichen Vinmonopolet-Läden erhältlich – zu hohen Preisen!

🔊 NORDISCHER APERITIF

Eine besondere Spezialität ist der aus den in der arktischen Tundra reichlich vorkommenden Schwarzen Krähenbeeren *(Empetrum nigrum)* hergestellte Nordkap-Wein, den die Vinmonopolet-Läden verkaufen. Adressen finden sich unter www. vinmonopolet.no.

4 cl davon aufgegossen mit 6–8 cl Sekt oder Champagner ergibt den »Northern Kir«, der im hohen Norden Norwegens gern mit echten Krähenbeeren oder Waldbeeren garniert wird.

Das Fischerdorf Alnes auf der
Insel Godøy im Fjordland

TOUREN & SEHENSWERTES

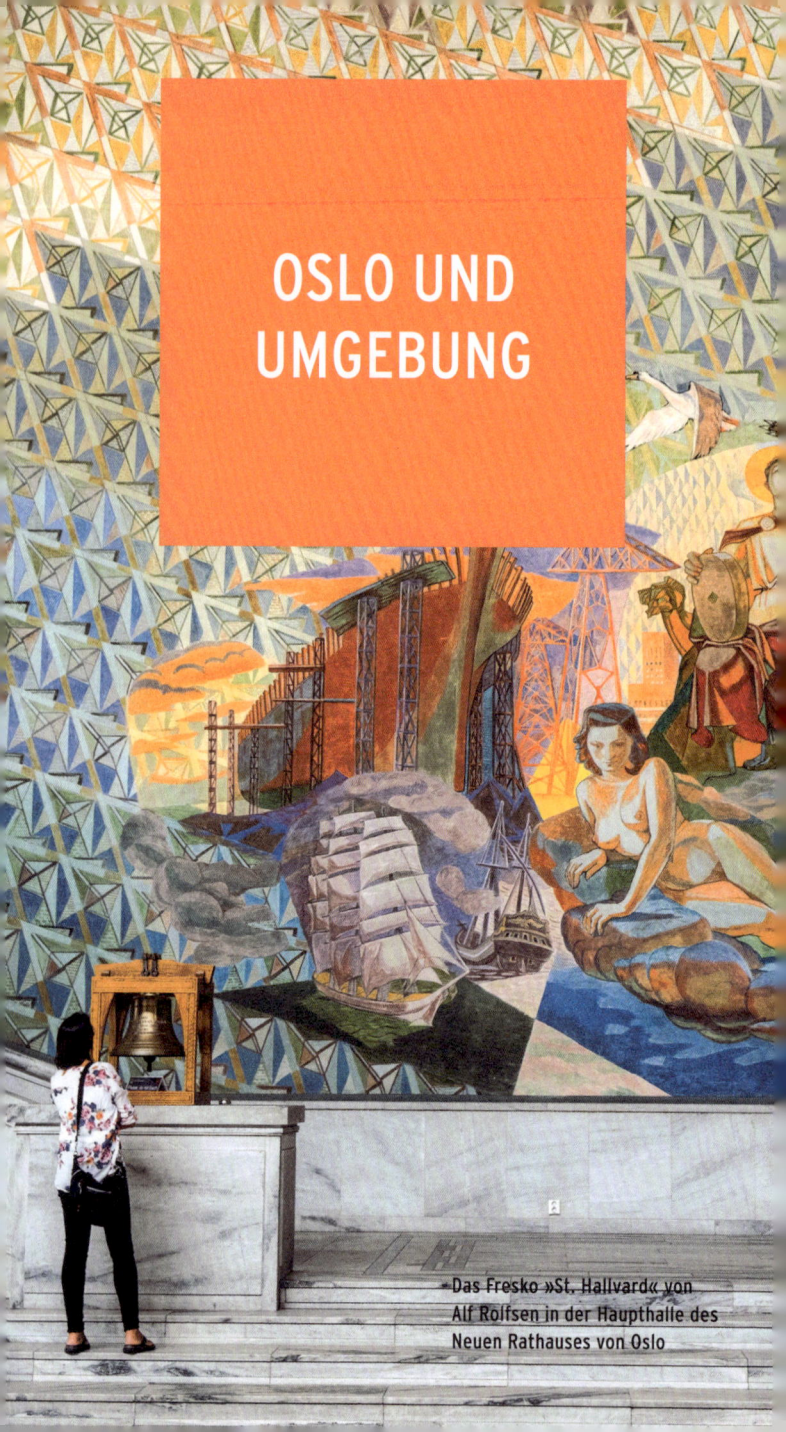

OSLO UND UMGEBUNG

Das Fresko »St. Hallvard« von
Alf Rolfsen in der Haupthalle des
Neuen Rathauses von Oslo

Die norwegische Hauptstadt überzeugt durch
ihre Lage am Ende des Oslofjords und hat sich
in den letzten Jahren zu einer quicklebendigen,
modernen europäischen Metropole entwickelt,
die einen Aufenthalt von mehreren Tagen lohnt.

Wer die norwegische Hauptstadt mit der Fähre ansteuert und die unzähligen Inseln und Holme im 100 km langen Oslofjord passiert hat, dem fallen das bewaldete Mittelgebirge im Hintergrund und das von Hafenanlagen, Fähr- sowie Frachtschiffen gesäumte Ufer auf. Der Stadtkern schmiegt sich in den klimatisch begünstigten »Oslo-Kessel«.

Die Osloregion zählt ca. 1,9 Mio. Einwohner; die etwa 675 000 Osloer beanspruchen nur ein Viertel der 454 km² Stadtfläche, und fragt man sie, was an ihrer Stadt so schön ist, so lautet die kurze Antwort: Nordmarka. Zur Nordmarka gehören das Skigelände am Holmenkollen, zahlreiche Seen, ausgedehnte Wälder und schier endlose Wanderwege, die

zu erkunden mehrere Wochen in Anspruch nimmt.

In den letzten Jahren hat Oslo erfolgreich alles daran gesetzt, dem Ruf einer modernen Hauptstadt gerecht zu werden. Es gibt hochkarätige Museen, eine lebendige Restaurant- und Musikszene, außerdem Flanier- und Shoppingmeilen. Das nordöstlich des Zentrums gelegene Grünerløkka entpuppt sich um den Olav Ryes plass mit vielen Kneipen als Szeneviertel. Wer eine weitere Facette Oslos sucht, erkundet den Bezirk Grønland mit seiner Völkervielfalt und vielen exotischen Läden und Restaurants. Dies alles – gepaart mit der Natur direkt vor der Haustür – füllt schnell einen mehrtägigen Aufenthalt.

TOUR IN DER REGION

VON OSLO ZUR SCHWEDISCHEN GRENZE

ROUTE: Oslo > Drøbak > Fredrikstad > Oldtidsveien > Vansjø > Hvitsten > Oslo

KARTE: Seite 81
DAUER: 2 Tage
PRAKTISCHE HINWEISE:
- Fredrikstad lässt sich von Oslo gut mit Bus und Bahn erreichen.
- Für die Sehenswürdigkeiten am Oldtidsveien benötigt man ein Auto oder Fahrrad.
- Zum Übernachten bietet sich Fredrikstad an.

TOUR-START:

Diese Tour führt zu Festungen und steinzeitlichen Relikten. Endlos ziehen sich zunächst die Vororte von **Oslo** **1** › S. 69 am Fjord entlang in Richtung Süden, und nur zögerlich wird die Besiedlung dünner. Ein kurzer Abstecher führt nach Drøbak. Die Festung an der engsten Stelle des Oslofjords besaß früher strategische Bedeutung.

Vorbei an der Industriestadt Moss gelangt man zur alten Festungsstadt **Fredrikstad** **4** › S. 82, einem der interessantesten Reiseziele südlich der Hauptstadt. Die Kopfsteinpflastergassen mit den alten Holzhäusern in der Altstadt *(Gamlebyen)* von Fredrikstad und die Festung sind besonders sehenswert.

Am nächsten Tag geht es zunächst weiter nach Süden, um den 18 km langen Oldtidsveien (Altertumsweg, Str. 110) zwischen Fredrikstad und Skjeberg zu erkunden. Links und rechts sind die Wiesen und Wälder gespickt mit Kulturdenkmälern aus grauer Vorzeit – 3000 Jahre alte Felszeichnungen (in Begby, Hornnes und Solberg) mit Motiven aus Landwirtschaft und Schifffahrt, Hügelgräber wie die von Hunn, die in den ersten 900 Jahren unserer Zeitrechnung angelegt wurden, dazu kommen Reste steinzeitlicher Wohnplätze, aber auch Herrenhöfe wie zum Beispiel der Hof von Nes, dessen Hauptgebäude aus dem 17. Jh. stammen. Auf der E 6 geht es dann nach diesem Ausflug in die Geschichte wieder in Richtung Oslo.

Kurze Abstecher führen anschließend zum Vansjø östlich von Moss, der sich hervorragend für Kanutouren eignet, und nach Hvitsten, um weißen Strand sowie hochsommerliche Badefreuden zu erleben und die Sonnenuntergänge über dem Oslofjord zu genießen.

VERKEHRSMITTEL

• **Flüge:** Nach Oslo-Gardermoen nonstop von deutschen Flughäfen, ab Zürich und

Die Festung Akershus in der Osloer Altstadt

Wien. Gardermoen liegt 47 km nördlich von Oslo. Bus- und Bahnzubringer ab/bis Hauptbahnhof.

- **Bahn:** Ab Hamburg via Kopenhagen und in alle Landesteile.
- **Öffentlicher Nahverkehr:** Für Bus, U-Bahn *(T-bana)*, Straßenbahn *(Sporveien)*, Fähren und Nahverkehrszüge gilt ein einheitliches Tarifsystem. Fahrkarten (Einzelfahrt 35 NOK, 24-Stunden-Karte 105 NOK, Kinder zahlen die Hälfte) sollten im Voraus gekauft werden, sonst zahlt man einen Aufpreis von 20 bzw. 10 NOK. Die Straßenbahn passiert die Hauptsehenswürdigkeiten.
- Der **Oslo Pass,** der freien Eintritt in die meisten Museen und Sehenswürdigkeiten gewährt, bietet auch kostenfreie Fahrt mit dem öffentlichen Nahverkehr (Zone 1 und 2) und Ermäßigungen in einigen Restaurants. Den Oslo Pass gibt es für 24, 48 oder 72 Std. (395/595/745 NOK, Kinder 4–15 Jahre 210/295/370 NOK. Infos unter www.visitoslo.com.

UNTERWEGS IN OSLO ■ ★ ▮ D12

FESTUNG AKERSHUS Ⓐ

Die Begegnung mit der Stadtgeschichte beginnt bei der mächtigen Festung Akershus, die in mehreren Etappen an der Ostseite der Stadtbucht gebaut wurde und einen wunderschönen Blick über den Fjord ermöglicht. Håkon V. Magnusson machte um 1300 den Anfang. Der für seine Baulust bekannte König Christian IV. ließ die Burg Ende des 16. Jhs. zu einem Renaissanceschloss inmitten einer Festung umbauen.

Akershus ist das größte und wichtigste Bauwerk in der Osloer Altstadt. Die Festungsmauern bieten eine tolle Aussicht über die Stadt und den Hafen. Innerhalb der Festungsmauern liegen heute noch das **Norwegische Verteidigungsmuseum,** das **Heimatfrontmuseum** und das **Nationalmonument** auf dem Festungsplatz. Das Schloss nutzt die Regierung für Empfänge, und in der Grabkapelle sind Angehörige der Königsfamilie beigesetzt. Die Öffnungszeiten der Museen unterliegen saisonalen Schwankungen, deshalb am besten bei den Touristenbüros erfragen; die Festung ist den ganzen Tag über zugänglich.

DIE INNENSTADT

Im Viertel zwischen Akershus und Hauptbahnhof sind noch einige Häuser aus der Christiania-Zeit erhalten. Das Stadtzentrum verlagerte sich immer mehr in Richtung Norden auf die Achse Hauptbahnhof, Storting, Universität und Königliches Schloss.

An der Rådhusgata liegen das älteste Osloer Rathaus (1641), das Rathaus von 1647 und das im Jahr 1950 eingeweihte **Neue Rathaus** Ⓑ. Mit seiner roten Backsteinverkleidung und den beiden hohen, kantigen Türmen ist Letzteres der alles überragende Blickfang am Hafen – auch wenn viele der Einheimi-

OSLOS PARADEVIERTEL

Lässiger Schick am Wasser in Oslos trendigem Stadtteil Aker Brygge

Norwegens Hauptstadt musste lange Zeit mit dem Image leben, ein Langweiler zu sein – bis 1990 vis-à-vis des Rathauses am Ufer des Pipervika-Hafenbeckens eine urbane Revolution stattfand.

Auf dem Gelände der ehemaligen, 1982 geschlossenen Schiffswerft Aker Mekaniske Verksted entstand mit **Aker Brygge** ⦿ ein furios-futuristischer Stadtteil, der in Nordeuropa neue Maßstäbe setzte: in der urbanen Architektur und für eine kommerziell erfolgreiche Wiederbelebung vormals industriell genutzter Zonen.

Der Mix macht's bis heute: Cafés, Kneipen, jede Menge Restaurants, exklusive Läden und hochpreisige Wohnungen in Glas, Granit, Stahl und Beton vereinen sich zu einem besonderen Ambiente. Seit dem Abschluss der Sanierung im Jahr 2000 erlebt Aker Brygge einen zweiten, von den Jahreszeiten unabhängigen Frühling.

AM LIEBSTEN DRAUSSEN

Die Kaianlagen von Aker Brygge sind bei fast jedem Wetter ein Erlebnis: Segelschiffe und Fähren steuern die Kais an, auf denen Jung und Alt in einem der vielen Restaurants oder Cafés – bei entsprechender Witterung großteils im Freien – beim Eis oder Bier sitzen, während Kauflustige nur zwischendurch die Sonne auf den Bänken genießen.

Richtig rund geht es in Oslos Paradeviertel vor allem in der hellen Jahreszeit zwischen Mai und September: Wo früher Niethämmer und

Schweißapparate den Ton angaben, herrscht heute auf den Kais mit ihren zahlreichen Restaurantterrassen ein norwegisch-friedliches Getümmel – die Sehnsucht nach Sonne (so vorhanden) in maritimer Atmosphäre, gepaart mit der Lust auf ein kühles Pils lässt sich in dieser Kombination hier genussvoll befriedigen. Sehr populär sind die noch zu pulende Krabben direkt vom Kutter (*Ferske reker*), die man mit Mayonnaise isst, dazu ein Bier, und im Hintergrund der Oslofjord als Kulisse.

Wer's feiner mag, kommt in den zum Teil ausgezeichneten Restaurants voll auf seine Kosten. Die Geschäfte sind in der Regel Mo–Fr 10 bis 20, Sa bis 18 Uhr geöffnet, Restaurants bewirten meist ab vormittags bis in die Nacht.

RESTAURANTS

Lofoten Fiskerestaurant €€€ 📱 c4
Hier wird exquisite Fischküche serviert: Das Restaurant ist seit Jahren ein fester Bestandteil der gehobenen Osloer Gastronomie. › mehr S. 14 Punkt ⑯
• Stranden 75
 Tel. 22 83 08 08
 www.lofoten-fiskerestaurant.no
 Mo–Fr 11–23, Sa, So ab 12, So bis 22 Uhr

Louise Restaurant & Bar
€€–€€€ 📱 c4
Dekoriert mit Erinnerungsstücken von einer ehemaligen Fjordfähre, bietet das Restaurant norwegische und internationale Gerichte mit schönem Blick auf den Fjord und die Festung Akershus.
• Stranden 3 | Tel. 22 83 00 60
 www.restaurantlouise.no
 Mo–Sa 11–23 Uhr

Lekter'n €€ 📱 c4
Bar und Restaurant mit Lounge- und Open-air-Bereich auf einem umgebauten Lastkahn. Perfekt für lange Sommerabende.
• Stranden 3 | Tel. 21 52 32 31
 http://lektern.no
 März–Sept. tgl. 11–3 Uhr

KUNSTGENUSS

Ganz Aker Brygge zieren Videoinstallationen und Skulpturen, und es lohnt sich, auch die dem Wasser abgewandte Seite zu durchstreifen und einen genaueren Blick auf die architektonische Vielfalt zu werfen.

Eine besondere Attraktion seit 2012 ist das **Astrup Fearnley Museum für Moderne Kunst** des Architekten Renzo Piano auf der Halbinsel Tjuvholmen (www.afmuseet.no). › mehr S. 15 Punkt ㉓

An der Außenseite des Museums liegt der ebenfalls von Renzo Piano entworfene **Tjuvholmen Skulpturenpark** mit Skulpturen internationaler Künstler wie Antony Gormley oder Anish Kapoor. Der Besuch des Parks ist kostenlos.

Uhrturm in Aker Brygge, im Hintergrund die Festung Akershus in der Altstadt

schen es bei der Einweihung hässlich und klobig fanden. Im Innern gibt es reichlich Kunstwerke zu besichtigen, insbesondere großflächige Wandgemälde (Juni–Aug. tgl. 9 bis 18, sonst bis 16 Uhr).

Im ehemaligen Bahnhof zwischen Rathaus und **Aker Brygge** **C** › S. 70 ist das **Nobels Fredssenter** **D** untergebracht. Hier erfährt man multimedial alles über die in Oslo verliehenen Friedensnobelpreise und ihre Preisträger (Tel. 48 30 10 00, www.nobelpeacecenter.org, tgl. 10 bis 18 Uhr, im Winter Mo geschl.).

Oslos Pracht- und gleichzeitig Norwegens bekannteste Einkaufsstraße **Karl Johans gate,** die auf

---

> 💬 **STADTGESCHICHTE**

Die Stadt Oslo kann auf eine lange Geschichte zurückblicken: seit dem 11. Jh. Handelsplatz, danach bald Hauptstadt des norwegischen Reichs und bis 1514 Krönungsstadt. Nach dem großen Stadtbrand von 1624 ließ König Christian IV. die Stadt wieder aufbauen und ihren Namen in Christiania ändern, doch erst ab dem späten 18. und v. a. im 19. Jh. wurde sie zu einer Großstadt europäischen Formats. Ihre wachsende politische Bedeutung war entscheidend für die weitere Ausdehnung der Stadt, und zu Beginn des 20. Jhs. war sie Norwegens führender Importhafen. 1925 nahm Christiania den alten Namen Oslo wieder an.

---

rund 1 km vom Hauptbahnhof bis zum Schloss führt, verkörpert Tradition, aber auch das moderne Oslo. Das ganze Jahr über herrscht hier Trubel: Straßenkünstler, Verkaufsstände, internationales Sprachengewirr und Gedränge, das im Sommer eher gemächlich, im Winter dagegen hektisch wirkt.

Den westlichen Abschluss bildet das **Königliche Schloss** **E** mit dazugehörigem Park und einem weiten Vorplatz. Der klassizistisch schlichte Bau entstand von 1824 bis 1848. In den Sommermonaten, wenn die Königsfamilie im Urlaub ist, werden geführte Touren durch das Schloss angeboten, auch mit englischsprachigen Guides. Zu einem Oslo-Spaziergang gehört eine gemütliche Runde um das Schloss herum und nicht zuletzt die Aussicht vom Schlossplatz. › mehr S. 12 Punkt **4**

Vom etwas erhöhten Schloss liegt die gesamte Karl Johans gate im Blick. Ein Abstecher führt nun zur **Nationalgalerie** **F** in der Universitetsgata 13. Sie besitzt die größte, interessanteste Gemäldesammlung Norwegens. Neben Originalen Edvard Munchs aus den Jahren 1880 bis 1916 sind hier über 4000 weitere Werke norwegischer Künstler zu sehen (www.nasjonalmuseet.no, Di bis Fr 10–18, Do bis 19, Sa, So 11 bis 17 Uhr, Do freier Eintritt).

Zurück auf der Flaniermeile kommen nun die Prachtbauten der Hauptstadt: Die **Universität** **G** mit ihrer imposanten Säulenfront (die Aula ist mit Gemälden von Edvard Munch ausgeschmückt › mehr S. 16

Oslos berühmte »Karl Johan« ist Flanier-, Pracht- und Shoppingmeile

Punkt ㉕), gegenüber das klassizisti-
sche **Nationaltheater** und nicht weit
entfernt schließlich das norwegische Parlamentsgebäude **Storting**
🅗, das um die Mitte des 19. Jhs.
erbaut wurde, sowie das 1874 eröffnete **Grand Hotel › S. 76**.

Da sie zum Großteil Fußgängerzone ist, lässt es sich auf der Karl
Johans gate ausgezeichnet bum-
meln, und der Park vor dem Storting mit Bänken und Springbrun-
nen lädt zum Verweilen ein.

MUSEUMSINSEL BYGDØY 🔶

Los geht's mit einer 15-minütigen
Fährfahrt vom Anleger an der Råd-
husbrygge zur Halbinsel Bygdøy,
dem feinsten Osloer Stadtteil. Direkt neben der »Gjøa«, mit der
Roald Amundsen von 1903 bis 1906

die Nordwestpassage durchquerte,
legt die Fähre nach einem Stopp in
der Nähe der Wikingerschiffe an.

Dicht beieinander auf Bygdøy
liegen das moderne **Norwegische
Seefahrtsmuseum** ❶ (marmuse
um.no, Mai–Ende Sept. tgl. 10–17,
sonst 10–16 Uhr), das **Fram-Mu-
seum** (frammuseum.no, Juni–Aug.
tgl. 9–18, Mai–Sept. 10–18, sonst
10–17 Uhr) und das **Kon-Tiki-Mu-
seum** (www.kon-tiki.no, Juni–Aug.
tgl. 9.30–18, März–Mai, Sept., Okt.
10–17, sonst 10–16 Uhr).

In diesen Museen dokumentie-
ren die »Fram«, das Ende des 19. Jhs.
gebaute solide Polarschiff Fridtjof
Nansens, das Floß »Kon-Tiki«, mit
dem der Forscher Thor Heyerdahl
und seine Mannschaft 1947 den halben Pazifik überquerten, und das für
seine Atlantiküberquerung 1970 erbaute Papyrusboot »Ra II« Etappen
der maritimen Landesgeschichte.

Das **Wikingerschiff-Museum** 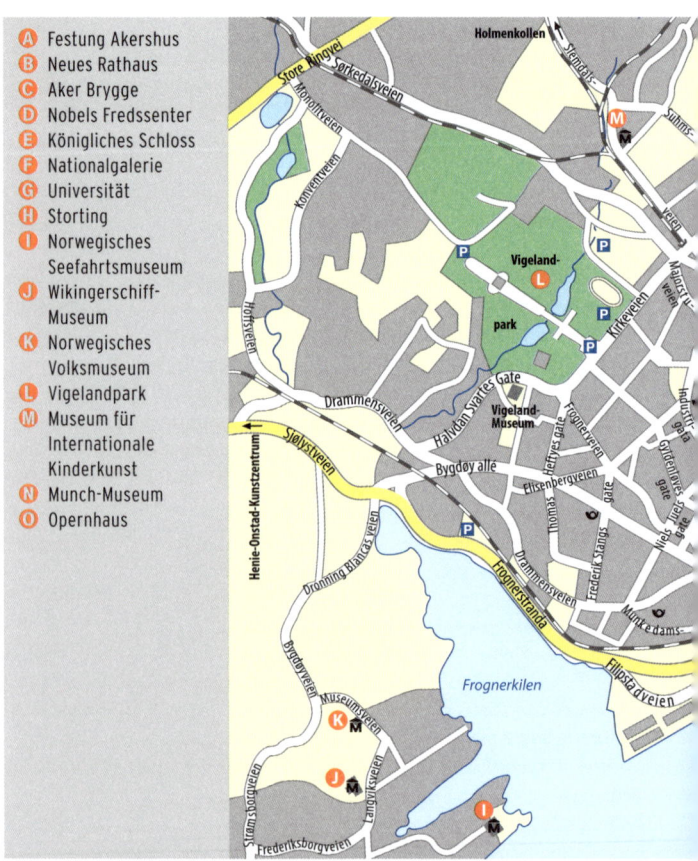 mit den großartig erhaltenen Grabschiffen aus dem 9. Jh., dem »Oseberg-«, dem »Gokstad-« und dem »Tune-Schiff«, mitsamt der reichen Grabbeigaben, ist ein idealer Abschluss dieses Ausflugs in die Seefahrtsgeschichte (www.khm.uio.no, Mai–Sept. tgl. 9–18, sonst 10 bis 16 Uhr).

Einen Einblick in die norwegische Lebensweise von der Reformation bis in die Gegenwart vermittelt das **Norwegische Volksmuseum**. Dörfliche und städtische Architektur wurden in diesem z. T. als Freilichtanlage mit rund 150 Holzhäusern konzipierten Museum anschaulich wieder auf- oder aber nachgebaut. Im Innern sind Möbel, Hausrat und Werkzeuge ausgestellt. Unter den mittelalterlichen Gebäuden im Freilichtteil fällt vor allem die Stabkirche von Gol auf.

A Festung Akershus
B Neues Rathaus
C Aker Brygge
D Nobels Fredssenter
E Königliches Schloss
F Nationalgalerie
G Universität
H Storting
I Norwegisches Seefahrtsmuseum
J Wikingerschiff-Museum
K Norwegisches Volksmuseum
L Vigelandpark
M Museum für Internationale Kinderkunst
N Munch-Museum
O Opernhaus

Ob Geschichte der norwegischen Musik, Kirche, Pharmazie oder ein erster Einstieg und Einblick in die samische Kultur – das Angebot an Exponaten des Volksmuseums ist zu groß, als dass es sich im Rahmen eines Kulturbummels durch die Stadt in wenigen Stunden bewältigen ließe (norskfolkemuseum.no, Jan.–April tgl. 11–16, Mai–Sept. tgl. 10–17 Uhr). Im Dez. findet hier ein großer Weihnachtsmarkt statt.

WEITERE MUSEEN

Wem der Sinn nach mehr Kultur steht, fährt mit dem Bus zum Olav Kyrres plass und schlendert zum **Vigeland-Museum** (Nobels gate 32, www.vigeland.museum.no, Mai bis Aug. Di–So 10–17, sonst Di–So 12 bis 16 Uhr) oder nach dessen Besuch zum **Vigelandpark**. Die über 200 monumentalen Skulpturen, die dort stehen, sprechen viel-

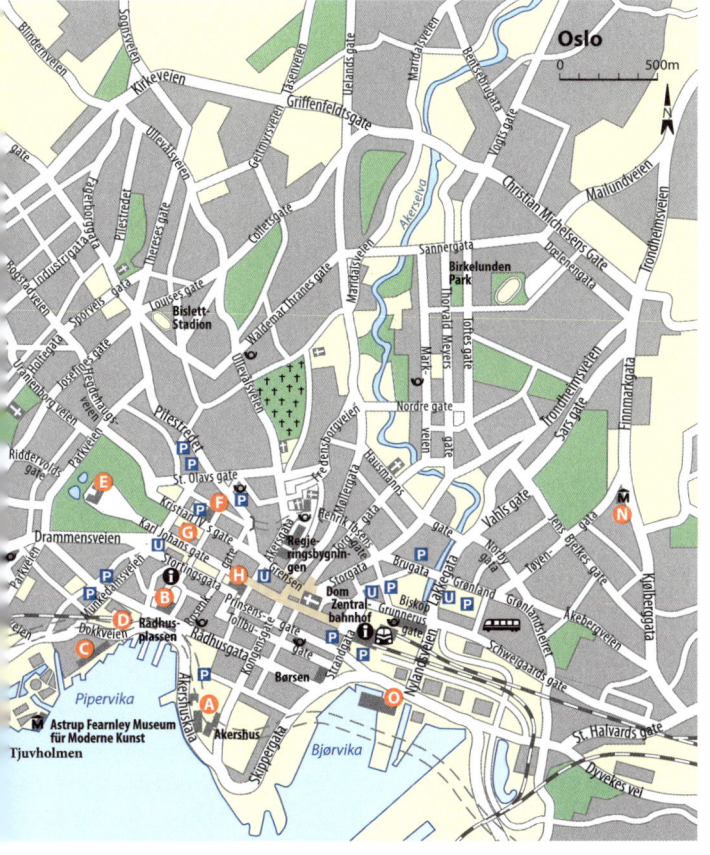

leicht nicht unbedingt jeden an, doch die Anlage, auch Frognerpark genannt, ist allemal einen Besuch wert (immer geöffnet).

Von der Nordseite des Vigelandsparks sind es nur 10 Minuten bis zu einem der lebendigsten Museen der Stadt. Im Lille Frøens vei 4 zeigt das **Museum für Internationale Kinderkunst** 🅜 Kunstwerke von Kindern aus 180 Ländern. Große und kleine Kinder dürfen ihrer Fantasie in einer Werkstatt freien Lauf lassen und darauf hoffen, dass ihre Werke auch ausgestellt werden (www.barnekunst.no, Di–Do 9.30–14, im Sommer Di–Do, Sa, So 11–16 Uhr).

Östlich des Zentrums wird im **Munch-Museum** 🅝 der umfangreiche Nachlass des bekanntesten norwegischen Malers, Edvard Munch (1863–1944), gezeigt, darunter die ausdrucksstarken und weltbekannten Gemälde »Der Schrei« sowie »Madonna« (Tøyengata 53, www.munchmuseet.no, Mitte Mai–Mitte Sept. tgl. 10–17, sonst bis 16 Uhr).

INFOS

Tourist Information am Rathaus
• Jernbanetorget 1 | 0154 Oslo

Østbanehallen neben dem Hbf
Tel. 81 53 05 55 | www.visitoslo.com
Tgl. 9–18, Juli, Aug. bis 19 Uhr

UNGinfo
Für junge Leute und Rucksackreisende.
• Møllergata 3 | 0179 Oslo
Tel. 24 14 98 20
www.unginfo.no
Mo–Fr 11–17, Sa 12–17 Uhr

HOTELS

Grand Hotel €€€
Erbaut um 1900, gehobener Komfort, Wellnesscenter und Restaurants. In dem Traditionshotel wohnen alljährlich die Friedensnobelpreisträger und grüßen vom Balkon aus die Menge.
• Karl Johans gate 31 | 0159 Oslo
Tel. 23 21 20 00 | www.grand.no

Scandic Holmenkollen Park Hotel €€€
Oslos schönstes Hotel steht auf dem Holmenkollen und bietet einen einzigartigen Blick über die Stadt. Der Holzpalast im Drachenstil vom Ende des 19. Jhs. enthält auch das Hotelrestaurant De Fem Stuer, das zu den besten Oslos zählt.
• Kongeveien 26 | 0787 Oslo
Tel. 22 92 20 00
www.holmenkollenparkhotel.no

🗨 **DAS OPERNHAUS** 🅞 ⭐ **– EIN TREIBENDER EISBERG**

Neuestes Wahrzeichen der Stadt und bereits eine internationale Architekturikone ist das direkt am Wasser gebaute und 2008 eröffnete Opernhaus. Hochmoderne Technik und viel weißer Marmor locken Besucher in das Haus. Mit der Fertigstellung der Oper sind die Osloer aber noch lange nicht zufrieden, denn rund um den Opernprunkbau, der einem Eisberg nachempfunden ist, entsteht ein komplett neues Viertel, das Aker Brygge und der Karl Johans gate Konkurrenz machen soll. (Ticketcounter: Tel. 21 42 21 21, www.operaen.no, Mo–Fr 10–19, Sa 11–18, So 12–18 Uhr bzw. bis Vorstellungsbeginn)

Ellingsens Pensjonat €€
Günstig gelegenes B & B in einer alten Villa
in ruhiger Umgebung.
- Holtegata 25 | 0355 Oslo
  Tel. 22 60 03 59
  www.ellingsenspensjonat.no

Hotell Bondeheimen €€
Eines der preiswerteren besseren Hotels.
Ambiente und Gerichte sind traditionell.
- Rosenkrantz gate 8 | 0159 Oslo
  Tel. 23 21 41 00
  www.bondeheimen.com

WEITERE UNTERKÜNFTE
Bogstad Camping €–€€
Etwa 10 km westl. des Zentrums; Bus 41 ab
Nationaltheater. Großes Wiesengelände mit
Bäumen, Hüttenvermietung, Badesee in
unmittelbarer Nähe, gute Wandermöglich-
keiten.
- Ankerveien 117 | 0766 Oslo
  Tel. 22 51 08 00
  http://bogstadcamping.no

Oslo Vandrerhjem €
Jugendherberge in super Zustand, nicht
nur für junge Leute; auch günstige Fami-
lienzimmer.
- Haraldsheimveien 4 | 0587 Oslo
  Tel. 22 22 29 65 | www.haraldsheim.no
  Tram 17, Busse 31 und 32 bis Haltestelle
  Sinsenkrysset

RESTAURANTS
Bacchus Spiseri & Vinhus €€€
Sehr stimmungsvolles Restaurant nahe
dem Dom. Neue nordische Küche, aber
auch Kaffee und Kuchen.
- Dronningensgate 27 | 0154 Oslo
  Tel. 22 33 34 30
  www.bacchusspiseri.no
  So geschl.

Scandic Holmenkollen Park Hotel

Christiania €€–€€€
Nostalgisch wie der Name ist die Innen-
einrichtung aus der Zeit zwischen 1900
und 1960. Auf der Speisekarte finden sich
viele traditionelle norwegische Gerichte,
teils neu und interessant interpretiert.
- Nedre Vollgate 19 | 0158 Oslo
  Tel. 22 01 05 10
  www.christianiarestaurant.no
  So geschl.

Gamle Raadhus €€–€€€
Vornehm speisen im alten Rathaus:
Empfehlenswert sind v. a. die Fisch- und
Wildgerichte. > mehr S. 15 Punkt ⑰
- Nedre Slottsgate 1 | 0157 Oslo
  Tel. 22 42 01 07 | www.gamleraadhus.no
  So geschl.

Grand Café €€–€€€
Früher altehrwürdiges Hotelcafé, in dem
schon Henrik Ibsen jeden Nachmittag ein-
kehrte, heute exklusives Restaurant mit
neuer nordischer Küche und erlesenem
Weinkeller im Basement.

BUNTE MÄRKTE

- Die **historische Basarhallen** (Stortorgets basar) 📱 d3 in **Oslo** befinden sich östlich der Domkirche. In dem halbkreisförmigen Arkadengebäude gibt es vor allem Lebensmittelgeschäfte und kleine Restaurants.
- Im **Birkelunden Park** 📱 d/e2 im **Osloer** Bezirk Grünerløkka findet an fast jedem Sonntag ab 12 Uhr ein quirliger **Flohmarkt** statt.
- In **Kristiansands** Altstadt **Posebyen** findet im Sommer samstags ein **Straßenmarkt** statt, auf dem man nach hochwertigem Kunsthandwerk Ausschau halten sollte. Zentrum ist beim John Bentsens hus in der Kronprinsensgate. > S. 95
- Auf **Bergens** beliebtem **Fischmarkt** werden Fische und Meeresfrüchte an den Ständen oft zu Kunstwerken drapiert. Auch Fischbrötchen und Snacks kann man probieren. > S. 107
- Der **Fischmarkt Ravnkloa** 📱 b1 in **Trondheim** liegt am Ende der Munkegate, wo auch die Ausflugsboote zur Insel Munkholmen anlegen. Man kann ihn werktags von 10–17, Sa bis 16 Uhr besuchen.
- Am letzten Donnerstag des Monats verwandelt sich der Marktplatz von **Kirkenes** in einen lebendigen und farbenfrohen **Russischen Markt.** Infos und genaue Termine erfährt man unter http://russianmarket.info. > S. 169

- Karl Johans gate 31 | 0159 Oslo Tel. 98 18 20 00 www.grandcafeoslo.no

34 Sky Bar & Restaurant €€–€€€
Im 34. Stock des Radisson Blue Plaza Hotels mit Sky-Bar; entsprechend spektakulär ist der Blick über die Stadt und den Fjord. Ab 17/18 Uhr werden erlesene Menüs serviert.
- Sonja Henies plass 3 | 0185 Oslo Tel. 22 05 80 34 | www.radissonblu.no So, Mo geschl.

Kaffistova €€
Üppige Portionen norwegischer Küche.
- Rosenkrantz' gate 8 | 0159 Oslo Tel. 23 21 41 00 | www.kaffistova.no

Café Asylet €–€€
Hausmannskost im historischen Gebäude mit Biergarten im Innenhof.
- Grønland 28 | 0188 Oslo Tel. 22 17 09 39 | www.asylet.no

Krishnas Cuisine €
Etwas außerhalb gelegen, gegenüber dem Kino Colosseum > S. 80. Preiswerte vegetarische indische Küche; alle Gerichte auch zum Mitnehmen.
- Sørkedalsveien 10 | Majorstuen 0369 Oslo | Tel. 22 69 22 69 www.krishnas-cuisine.no So geschl.

SHOPPING

Steen & Strøm Magasin
Das Traditionskaufhaus Oslos, 1797 von Emil Steen und Samuel Strøm gegründet.
- Nedre Slottsgate 8 | 0157 Oslo Tel. 22 00 40 00 www.steenogstromoslo.no Mo–Fr 10–19, Do bis 20, Sa bis 18 Uhr

Bekannte Adresse in der Karl Johans gate 45 ist das Hard Rock Café

Oslo City

Modernes Einkaufszentrum in der Nähe des Bahnhofs mit rund 100 Geschäften und vielen Cafés und Restaurants.

• Stenersgate 1 E
  0050 Oslo
  https://oslo-city.steenstrom.no
  Mo–Fr 10–22, Sa bis 20 Uhr

Bogstadveien

Beliebte, rund 1,5 km lange Einkaufsstraße nordwestl. des Zentrums mit zig Geschäften, v. a. Designerboutiquen.

• www.bogstadveien.no

Glasmagasinet

Handgefertigte Glaswaren, Kosmetik und Schmuck, exklusive Mode, Einrichtungsaccessoires sowie mehrere Cafés.

• Stortorvet 9
  0155 Oslo
  Tel. 45 96 20 01
  www.glasmagasinet.no
  Mo–Fr 10–19, Sa bis 18 Uhr

NIGHTLIFE

Hard Rock Café

Konzerte, Restaurant und Nachtklub auf drei Etagen.

• Karl Johans gate 45 | 0162 Oslo
  Tel. 40 00 62 60 | www.hardrockcafe.no

Oslo Mikrobryggeri

In den Kupferkesseln werden sechs verschiedene Biersorten gebraut. Einlass ab 20 Jahre.

• Bogstadveien 6 (Eingang Holtegata)
  0355 Oslo | Tel. 22 56 97 76 | www.omb.no

Oslo Camping

Nein, kein Campingplatz, sondern eine coole Bar in der Nähe des Youngstorget. Bier trinken, snacken und auf der 18-Loch-Minigolfanlage Spaß haben, wo am Wochenende ab 22 Uhr getanzt wird.

• Møllergata 12 | 0179 Oslo
  Tischreservierung nur per Mail:
  oslo@campingen.no | www.campingen.no
  Fr, Sa 13–3, sonst bis 1 Uhr

Parkteatret
Umgebautes Kino mit Multikulti-Veranstaltungen und Bar.
- Olaf Ryes plass 11 | 0552 Oslo
  Tel. 22 35 63 00 | www.parkteatret.no

Herr Nilsen Jazz Club
Mehrmals wöchentlich Livejazz für Kenner.
- C. J. Hambros plass 5 | 0164 Oslo
  Tel. 94 05 89 17 | www.herrnilsen.no

Wallmans
Oslos einziges Dinnertheater, gute Show, exzellentes Essen. Dresscode und Einlass ab 23 Jahre.
- Mølleparken 6 | 0459 Oslo
  Tel. 23 22 65 90 | http://wallmans.no

Colosseum
In einer wahren Kinokathedrale aus dem Jahr 1921 residiert das größte THX-Kino der Welt. Wie im ganzen Land laufen Filme in der Originalsprache.
- Fridtjof Nansens vei 6 | 0369 Oslo
  Karten: Tel. 99 43 20 00
  www.nfkino.no

AUSFLÜGE VON OSLO

BADEINSELN IM FJORD
Rund 40 Inseln liegen im Oslofjord, einige unbewohnt, aber jede mit einer eigenen Geschichte. Hovedøya, Lindøya, Nakholmen, Bleikøya, Gressholmen und Langøyene sind im Sommer gut mit den Booten, die regelmäßig vom Vippetangen zwischen Rathaus und Aker Brygge ablegen, zu erreichen. Von **Hovedøya** – nur wenige Minuten mit der Fähre entfernt – kann man den Trubel in der Stadt wie aus weiter Ferne beobachten und die Stille genießen.

Wer möchte, kann sich Klosterruinen anschauen oder am Strand liegen und den Booten auf dem Fjord zusehen.

HOLMENKOLLEN UND FROGNERSETEREN
Die Stadt hinter sich zu lassen und das berühmte Umland mit seinen Villen, Wäldern und Wanderwegen zu entdecken ist ganz einfach: Alle 20 Min. schleppt sich ein Zug der Holmenkollen-Bahn zum bekanntesten Berg Oslos hinauf. Das Ziel: immerhin 227,7 m über dem Meer!

Die berühmte **Holmenkollen-Olympiaschanze** von 1952 ersetzt mittlerweile ein Neubau aus dem Jahr 2010. › mehr S. 15 Punkt **24** Auch das Skimuseum lohnt einen Besuch (Juni–Aug. tgl 9–20 Uhr, sonst kürzer). Allein schon der Blick vom Stadion hinunter in den »Oslo-Kessel« und über den Fjord hinweg genügt zum Staunen.

Auch der Ausflug nach **Frognerseteren** macht keine Mühe mit der Holmenkollen-Bahn, die bis auf den Gipfel des 489 m hohen Frognerseteren fährt. Dieses Vergnügen lassen sich an Schönwetterwochenenden auch die Osloer winters wie sommers nicht entgehen. Der Blick über die Stadt und die Wälder der Umgebung könnte kaum schöner sein. Dazu passt das Restaurant im altnorwegischen Stil – natürlich mit Sonnenterrasse (Holmenkollveien 200, Tel. 22 92 40 40, www.frognerseteren.no, €€€). › mehr S. 15 Punkt **20** Nach dem Essen geht es dann zu einem Verdauungsspaziergang in die Wälder.

UNTERWEGS IN OSLOS UMGEBUNG

Die drei rund um den Oslofjord liegenden Provinzen Østfold, Åkershus und Vestfold zählen zwar zu den am dichtesten besiedelten des Landes, doch besitzen sie hohen Freizeitwert.

Die Aktivitäten spielen sich zumeist auf dem Wasser und in der waldreichen Nordmarka ab. Südlich von Oslo drängen fast alle Städte an die Fjordufer, meist sind es moderne Wirtschafts- und Handelsorte. Doch in der Umgebung Oslos gibt es auch viel Sehenswertes.

HENIE ONSTAD KUNSTSENTER 2 📖 D12

Einige Kilometer südwestlich vom Zentrum zeigt sich die moderne Kunst von ihrer schönsten Seite: im Henie Onstad Kunstsenter. Die größte Sammlung moderner Kunst in Norwegen mit Werken bedeutender, insbesondere skandinavischer Künstler, aber auch von Picasso, Matisse oder Miró befindet sich in einem architektonisch sehenswerten Museumsgebäude direkt am Wasser. Planen Sie auch genügend Zeit für einen Spaziergang durch den weitläufigen Skulpturenpark ein (Sonja Henies vei 31, 1311 Høvikodden, Tel. 67 54 32 70, www.hok.no, ganzjährig Di–Do 11–19, Fr–So bis 17 Uhr; zu erreichen in 25 Min. vom Busbahnhof Oslo mit Bus Nr. 160, der alle 15 Min. nach Høvikodden fährt).

Bei schönem Wetter kann man außerdem im Fjord baden.

Zu verdanken haben die Osloer dieses Highlight der Eiskunstläuferin und dreifachen Olympiasiegerin Sonja Henie (1912–1969) und ihrem Mann, dem Reeder und Kunstsammler Niels Onstad (1909–1978).

TOUR IN OSLOS UMGEBUNG

TOUR ❶

VON OSLO ZUR SCHWEDISCHEN GRENZE

Oslo › Drøbak › Fredrikstad › Oldtidsveien › Vansjø › Hvitsten › Oslo

BÆRUMS VERK 3 📘 D12

Das stillgelegte Eisenwerk Bærums Verk liegt etwa 15 km westlich von Oslo. Mit dem Auto fährt man auf der E 16 in Richtung Hønefoss, ab da ist der Weg zum alten Handelsplatz ausgeschildert. Vom Osloer Busterminal fährt der Bus Nr. 150, Fahrzeit ca. 45 Min. Im Museum sind alte gusseiserne Öfen zu sehen, und in der Verksgata werden alte Handwerke gezeigt. In rund 40 Geschäften bieten Kunsthandwerker ihre Produkte an (ausführliche Infos und alle Öffnungszeiten unter www.baerumsverk.no).

RESTAURANT

Værtshuset Bærumsverk €€€
Eines der ältesten Gasthäuser Norwegens; preisgünstig zur Lunchzeit (bis 15 Uhr), abends (ab 17 Uhr) teurer à la carte.
• Værtshusveien 10
  1353 Bærums Verk | Tel. 67 80 02 00
  www.vaertshusetbaerum.no
  Mo–Fr 12–22.30, Sa 13–22.30,
  So 13–20 Uhr; in den Ferien bis 20 Uhr

FREDRIKSTAD 4 📘 D13

Nur 30 km vor der schwedischen Grenze liegt diese Industrie- und Festungsstadt mit rund 82 000 Einwohnern. Der große Hafen sowie die Nähe zu Schweden sind heute wichtigste Vorteile des Standortes. Gerade die schwedischen Nachbarn machten jedoch dieser Region in der Vergangenheit zu schaffen. Deshalb baute man im 17. Jh. eine Mauer um die Stadt, und 1685 war die **Festung Fredrikstad** fertig.

Erst 1814 wagten die Schweden wieder einen Angriff – nach einigen Stunden Beschuss war alles vorüber und der Mythos der Uneinnehmbarkeit zerstört. Angenehmer ist es allemal, die Festungsstadt heute zu Fuß und in friedlicher Absicht zu erobern und sich bei dieser Gelegenheit auch das **Kongsten Fort** südlich der Altstadt näher anzuschauen.

INFO
Fredrikstad Turistkontor
• Kirkegaten 31 b
  1632 Gamle Fredrikstad
  Tel. 69 30 46 00
  www.visitoestfold.com/fredrikstad-og-hvaler

UNTERKÜNFTE

Victoria Hotel €€–€€€
Das Hotel im Art-déco-Stil mit 65 luxuriösen Zimmern zeichnet sich durch ein ausgesucht freundliches Personal aus.
• Turngaten 3 | 1606 Fredrikstad
  Tel. 69 38 58 00
  www.hotelvictoria.no

Fredrikstad Motell & Camping €–€€
Unterhalb der Festungsstadt.
• Torsnesveien 16/18
  1630 Gamle Fredrikstad
  Tel. 99 22 19 99
  www.fredrikstadmotel.no

RESTAURANT
Fabel €€–€€€
Büchercafé, Essbar und gepflegtes Restaurant in einem Haus.
• Storgata 11 | 1607 Fredrikstad
  Tel. 69 31 46 30
  www.restaurantfabel.no
  So geschl.

DER SÜDEN

Der Leuchtturm von Lindesnes ist
der älteste des Landes und markiert
die südlichste Spitze Norwegens

Die sonnenverwöhnte Südküste lockt mit Sandstränden, Schären und weißen Hafenstädtchen. Wälder und Seen prägen die traditionsbewusste Provinz Telemark im Landesinnern, die durch den Telemark-Kanal mit dem Meer verbunden ist.

Telemark – keine Region ist so mit Liedern und Gedichten bedacht worden wie diese Landschaft zwischen Südküste und Hochgebirge, zwischen dem urbanen Osten und den Fjorden im Westen. An stillen Seen und zwischen Wäldern und blühenden Hängen wuchsen Bauernhöfe zu Dörfern heran, Silberschmiede haben noch heute ihr Auskommen, Holzschnitzerei, Rosenmalerei und Dichtung sind lebendig wie eh und je. Nach Westen hin bietet sich dann ein ganz anderes Bild: Hier herrschen baumlose Hochebenen vor, und die tief ins Land reichenden Wasserarme geben einen Vorgeschmack aufs Fjordland. Auf den einsamen Hochebenen lässt es sich gut wandern.

Wieder ganz anders zeigt sich die Küste Südnorwegens: Sie lockt mit Sandstränden, Schären und idyllischen Hafenstädten. Die Skagerrakküste ist Topziel für sonnenhungrige Norweger – auf Inseln und Holmen stehen Tausende von Ferienhütten. Auch Ibsen-Fans zieht es in den Süden, denn der Dichter begann seine Karriere in Grimstad.

TOUREN IN DER REGION

TOUR 2

DURCH DIE SCHLEUSEN DES TELEMARK-KANALS

ROUTE: Skien › Dalen › Skien

KARTE: Seite 86
DAUER: 2 Tage
PRAKTISCHE HINWEISE:
- Zwei historische Schiffe, die 1882 beziehungsweise 1907 gebaut wurden, befahren den Telemark-Kanal im täglichen Wechsel von etwa Mitte Mai bis Mitte September (Infos und Buchung bei Telemarkreiser › S. 91). Die Fahrt mit der M/S Henrik Ibsen oder M/S Victoria nach Dalen dauert rund 10 Stunden.
- Wer nicht ausreichend Zeit für die gemächliche Fahrt auf dem Telemark-Kanal hat, kann auch beim Wasserfall Vrangfossen an den Kanal heranfahren und vom Ufer aus zuschauen, wie die Schiffe in die engen Schleusenkammern manövriert werden.

TOUR-START:
Früh am Morgen starten die Oldtimerschiffe in **Skien** 6 › S. 90, und in gemächlicher Fahrt geht es über Kanäle und Seen in Richtung Dalen. Unterwegs sind auf dem Telemark-Kanal › S. 91 stolze 18 Schleusen zu überwinden. Die Endstation Dalen ist ein kleiner Ort ohne große Sehenswürdigkeiten, wäre da nicht das Dalen Hotel › S. 91: Wegen dieses famosen Holzpalastes lohnt es sich, hier zu übernachten und erst am nächsten Tag nachmittags mit dem Kanalbus in rund 2,5 Std. zurück nach Skien zu fahren.

TOUR-START:
Von **Kristiansand** 11 › S. 93 geht es in nördlicher Richtung durch das Setesdalen › S. 95 nach Evje. Kurz hinter Evje verbreitet sich der Fluss Otra über viele Kilometer zum Byglandsfjorden. Campingplätze und Hütten laden zu einer Fahrtunterbrechung ein. Man kann sich ein Kanu ausleihen oder eine Raftingtour buchen.

Bei dem kleinen Ort Rysstad biegt man dann in Richtung Westen ab und gelangt nach einer einsamen Gebirgsfahrt auf dem Lysevegen zum Lysefjord › S. 98. In Haarnadelkurven geht es hinunter zum Fjord und auf die Autofähre nach **Stavanger** 13 › S. 97.

Von der Ölmetropole führt der kürzeste Weg zurück nach Kristiansand über die E 39, die aber ein gutes Stück im Landesinnern verläuft. Viel schöner sind die kleinen Küstenstraßen, die durch sehenswerte Orte mit intakten Holzhausvierteln wie Egersund, Flekkefjord und **Mandal** 12 › S. 95 führen.

TOUR 3
DURCH DAS SETESDALEN ZUR SÜDWESTKÜSTE

ROUTE: Kristiansand › Evje › Rysstad › Lysefjord › Stavanger › Mandal › Kristiansand

KARTE: Seite 86, 94
DAUER: 3–5 Tage
PRAKTISCHE HINWEISE:
- Die Straße zwischen Rysstad und Lysebotn ist nur von Mai bis Oktober passierbar; auch die Fährfahrt über den Lysefjord ist nur im Sommer (Juni bis August) möglich.
- Infos und Prospekte über die Schiffstouren bekommt man im Lysefjordzentrum Oanes › S. 99 und im Touristenpavillon in Stavanger › S. 97.

TOUR 4
DIE PERLEN DER NORWEGISCHEN RIVIERA

ROUTE: Larvik › Kragerø › Risør › Lyngør › Tvedestrand › Arendal › Grimstad › Lillesand › Kristiansand

KARTE: Seite 86, 94

> **DAUER:** 3 Tage
> **PRAKTISCHER HINWEIS:**
> • Im Sommer ist dieser Küsten-
> abschnitt fest in norwegischer
> Hand, also Hotels und Hütten
> rechtzeitig im Voraus buchen.

TOUR-START:
Wer ist die Schönste im ganzen
Land? Diese Frage wird wohl jeder
für sich beantworten müssen, denn
all die Städte entlang der norwegischen Riviera haben ihren Reiz.

Als Ort kann Larvik mit den
Schönsten kaum mithalten, doch
nur wenige Kilometer außerhalb
gibt es unzählige Badeplätze. In Kragerø herrscht im Sommer immer
viel Trubel, die Stadt ist voll und
doch für viele nur das Sprungbrett
in den Schärengarten – glücklich,
wer ein Boot besitzt.

Risør 7 › S. 92 ist ein klassisches
Südküstenstädtchen mit strahlend
weißen Holzhäusern, und **Lyngør**
8 › S. 92 ein Inselidyll aus vergangenen Zeiten. Auch **Tvedestrand 9**
› S. 92, Arendal, **Grimstad 10** › S. 92

TOUREN IM SÜDEN

TOUR ❷
**DURCH DIE SCHLEUSEN
DES TELEMARK-KANALS**

Skien › Dalen › Skien

TOUR ❸
**DURCH DAS SETESDALEN
ZUR SÜDWESTKÜSTE**

Kristiansand › Evje › Rysstad › Lysefjord › Stavanger › Kristiansand

TOUR ❹
**DIE PERLEN DER
NORWEGISCHEN RIVIERA**

Larvik › Kragerø › Risør ›
Lyngør › Tvedestrand ›
Arendal › Grimstad › Lil-
lesand › Kristiansand

und Lillesand – jeder Ort schmückt sich mit werbewirksamen Attributen. Von **Kristiansand** `11` › S. 93 kennen viele nur den Fährhafen, dabei ist ein Bummel durch das Holzhausviertel Posebyen wunderbar stimmungsvoll.

VERKEHRSMITTEL

- Die Region ist über zwei Flughäfen erreichbar: **Kristiansand-Kjevik** (ab Kopenhagen oder Oslo) und **Sola,** 20 km südlich von Stavanger, sind mit vielen in- und ausländischen Destinationen verbunden (http://avinor.no).
- Die **Sørlandsbanen** fährt von Oslo über Kristiansand nach Stavanger.

- Nach Kristiansand gibt es mehr als ein Dutzend **Fährfahrten** pro Woche aus Hirtshals in Dänemark (www.fjordline. com, www.colorline.de).
- Die beiden wichtigsten **Binnenfähren** sind Stavanger–Tau (www.norled.no) und Mortavika–Arsvågen (www.fjord1.no).

INFOS

Über die **Region Telemark**
- www.visittelemark.no

Über die **Region Kristiansand**
- www.visitnorway.com

Über die **Region Rogaland-Stavanger**
- www.regionstavanger-ryfylke.com

UNTERWEGS IM SÜDEN

KONGSBERG `1` ▮ C13

Spuren deutscher Ingenieure und Bergleute gibt es in der Stadt mit ihren 28 000 Einw. zuhauf. Nur 7 km von der Stadtmitte liegen die aufgelassenen **Silbergruben von Saggrenda.** Ein Minizug bringt die Besucher 2,3 km weit ins Berginnere, zu einer Station 342 m unter der Erdoberfläche. Und dort wartet dann ein Unikum: *Fahrkunsten* war der erste Aufzug, der ab 1881 Bergleute transportierte.

1623 wurde in Kongsberg zum ersten Mal Silber gefunden. Deutsche Spezialisten bauten die Produktion auf, und in ihren besten Zeiten arbeiteten in den Gruben bis zu 4000 Mann. Als das Silberwerk 1958 stillgelegt wurde, hatte man

innerhalb von 335 Jahren fast 1300 t Silber zutage gefördert.

Das **Norwegische Bergwerksmuseum** in der Schmelzhütte erzählt von der Vergangenheit der Silberstadt, der Entwicklung der Bergbautechnik und den alltäglichen Mühen unter Tage (www. norsk-bergverksmuseum.no, Mitte Mai–Aug. tgl. 10–17, sonst Di–So 12–16 Uhr; der Grubenzug fährt Mitte Mai–Ende Aug. tgl. drei- bis viermal, im Sept. nur Sa, So, sonst auf Anfrage).

INFO

Kongsberg Turistservice
- Kirketorget 4
  3616 Kongsberg
  Tel. 32 29 90 50
  www.kongsberg.no

HOTEL

Gyldenløve Hotell Best Western €€
Groß, gemütlich, familien- und umweltfreundlich. Zimmer für Allergiker. Internationale Küche.

• Hermann Fossgate 1 | 3611 Kongsberg
Tel. 32 86 58 00
www.gyldenlove.no

HEDDAL 2 ▮ C13

Wenige Kilometer außerhalb der Industriestadt Notodden bildet Heddal das Tor in die Region Telemark. Die **Stabkirche** ⭐ des Ortes ist die größte erhaltene Norwegens und bekannt wegen ihrer geschnitzten Portale mit Tierornamentik und Menschengesichtern. Fünf Stockwerke, jedes mit Schindeldächern gekrönt, und diverse Türmchen machen die dreischiffige Holzkathedrale zu einem imposanten Bauwerk, dies umso mehr bei einem Alter von mehr als 800 Jahren (www.heddals tavkirke.no, Mitte Mai–Mitte Sept. tgl. 10–17 Uhr).

Die Bauernhäuser des Freilichtmuseums **Heddal Bygdetun** mit

Altar der Stabkirche Heddal

den Rosenmalereien in der Ramberg-Stube sind ein schönes Beispiel für das künstlerische Schaffen der Telemarker. Und überall sieht man moosbewachsene Bauernhäuser und auf Pfählen gebaute Lagerhäuser, die *stabbur* genannt werden (https://nia.no/heddal-bygdetun, Mitte Juni–Ende Aug. tgl. 10 bis 17 Uhr).

HOTEL

Notodden Hotel €€–€€€
Modernes Stadthotel mit 60 Zimmern und Restaurant direkt im Ort.

• Torvet 8
3674 Notodden
Tel. 35 01 20 88
www.notoddenhotel.no

MORGEDAL 3 ▮ C13

Der kleine Ort mit den versprengten Bauernhöfen und einem kleinen See mitten in der Telemark war die Heimat von Sondre Norheim (1825 bis 1897). Er hatte die Idee, den Hacken der Skiläufer durch eine feste Bindung Halt zu geben. Der *slalåm* und der Telemarkschwung, der in seiner Urform längst ein Comeback erlebt hat, waren erfunden. Die Geschichte des Skilaufs und Sondre Norheims Rolle erzählt das Museum **Norsk Skieventyr** (www.vest-te lemark.museum.no, Mitte Juni–Mitte Aug. tgl. 10–18 Uhr, sonst kürzer; Mitte Dez.–April geschl.).

Vor der Tür brennt eine Flamme, die daran erinnert, dass hier das Feuer für die Olympischen Winterspiele der Jahre 1952, 1964 und 1994 entzündet wurde.

HAUKELIGREND [4] ◾ B13

Durchgangsort mit Versorgungsein-
richtungen an der E 134, einer der
Hauptverbindungen zwischen Ost
und West im südlichen Norwegen.
Bei so viel landschaftlicher Schönheit in der Umgebung fällt es schwer,
sich für eine Richtung zu entscheiden: Nach Westen führt die Straße
ins Hochgebirge (Haukelifjell), im
Süden liegt das Setesdalen, das bis
nach Kristiansand führt, und wer
nach Osten fährt, landet in der wald-
und seenreichen Telemark.

UNTERKUNFT

Haukeliseter Fjellstue €–€€
Reizvoll mit Blick auf die Gebirgsseen
gelegen; Hotel- sowie Familienzimmer und
Hütten. Internationale, vor allem medi-
terrane Gerichte aus regionalen Zutaten.
• Haukeliveien 2917
  3895 Edland
  Tel. 35 06 27 77
  www.haukeliseter.no

RJUKAN [5] ◾ C12

In einem schattigen Tal, in das von
Oktober bis März kein Sonnen-
strahl vordringt, liegt das geschichts-
trächtige Städtchen (ca. 3200 Einw.)
mit dem **Mår-Kraftwerk** 300 m im
Berginneren. Alle Wasserkraftanlagen in Rjukan zusammen produzie-
ren über 600 MW Strom. Zur Besichtigung des Kraftwerks gehört
der Aufstieg auf der längsten Holz-
treppe der Welt entlang der Fallroh-
re – 3875 Stufen auf 1270 m Länge.
1907 begann das Industrieunter-
nehmen Norsk Hydro mit dem Aus-

bau der Wasserkraftanlagen, bereits
1920 war Rjukan eine Stadt, deren
Auskommen völlig vom Wasser und
den chemischen Fabriken abhing.

An ein wichtiges Kapitel aus
Norwegens Geschichte im Zweiten
Weltkrieg erinnert das **Industrie-
arbeitermuseum Vemork** (http://
nia.no, tgl. 10–16, zeitweise bis
18 Uhr, Jan. und Febr. geschl.). Wi-
derstandskämpfer verhinderten damals, dass die deutschen Besatzer
das von Norsk Hydro produzierte
»Schwere Wasser« nach Deutschland bringen und für den Bau einer
Atombombe nutzen konnten. Unter
anderem wurde die Fähre »Hydro«
mit der heißen Fracht an Bord in die
Luft gesprengt.

Heute produziert Norsk Hydro
nur noch Ammoniak. Die Wasser-
kraft wird jedoch bleiben.

Um die Sonne zu sehen, kann
man in knapp 5 Minuten mit der
Krosso-Bahn hinauf nach Gvepse-
borg am Nordrand von Rjukan hin-

┌─ 🐟 **NESSIES SCHWESTER** ─┐

Regionalpatriotismus zeichnet
die Bevölkerung der Telemark
überall aus, doch in Seljord
◾ C13 setzen sie ihm noch eine
Krone auf. In Anwesenheit der
Dorfpolizisten haben die Bewohner Seljords bezeugt, im gleichnamigen See eine riesige See-
schlange gesehen zu haben.
Angesichts der herrlichen Lage
und Lichtverhältnisse ist klar,
weshalb die Schwester von Nes-
sie hier sesshaft ist.

Seenlandschaft am Telemark-Kanal

auffahren. Der Blick in Richtung Südosten zum 1883 m hohen **Gaustatoppen** ist grandios.

Vom Parkplatz in Langefonn (9 km südlich von Rjukan) dauert die Wanderung zum Gipfel des Gaustatoppen ca. 3 Std.

INFO
Rjukan Turistkontor
• Torget 2
3660 Rjukan
Tel. 35 08 05 50
www.visitrjukan.com

UNTERKUNFT
Rjukan Fjellstue €€
Blockhausstil, bäuerliches Interieur, einfacher Standard. Echt Telemark!
• 3660 Rjukan
11 km westlich von Rjukan an der RV 37
Tel. 35 09 51 62
rjukan.fjellstue@online.no

SKIEN 6 C13

Der Ort ist stark von der Industrie (Zementfabriken, petrochemische Industrie, Elektro- sowie Holzindustrie) abhängig, die Fjorde mussten lange darunter leiden. Die Menschen hier wissen, dass die Arbeitsplätze in der Industrie ihren Preis haben. Aber sie haben auch die Telemark, die gleich hinter Skien, dem Geburtsort Henrik Ibsens, beginnt. Eben noch Großindustrie und Stadttrubel, jetzt dichter Wald und Bauernkultur – und ein Netz von Seen und Kanälen. Das alles sind gute Gründe, die Umgebung genauer zu erkunden. Mitten in Skien fungiert das **Ibsenhus,** benannt nach dem großen Sohn der Stadt, als Kulturzentrum (Lundegate 6, Karten unter Tel. 35 90 54 90, www.ibsenhuset.no).

Auch das **Telemark Museum** im Brekkeparken von Skien lohnt einen Besuch. Mittelpunkt des Museums sind ein alter Herrenhof mit diversen Sammlungen und ein Freilichtmuseum mit alten Gebäuden aus der Telemark (http://telemark museum.no, Mai–Aug. tgl. 11 bis 17, Park und Museumscafé ▸ unten 11–21 Uhr).

INFO
Turistinformasjon
• Henrik Ibsensgate 2 | 3724 Skien
  Tel. 35 90 55 20 | www.visitgrenland.no

HOTEL
Thon Hotel Høyers €€
Das stattliche rosa Haus liegt zentral und ist nicht zu übersehen. 100 moderne Zimmer und ein Restaurant.
• Kongensgate 6 | 3724 Skien
  Tel. 35 90 58 00
  www.thonhotels.no/hoyers

RESTAURANTS
Jacob & Gabriel
Folkegourmet €€€
Gourmetrestaurant im Zentrum, dessen freundlicher Service auch tolle Weinempfehlungen gibt.
• Bruene 1 | 3724 Skien
  Tel. 35 70 72 91
  www.jacoboggabriel.no
  So, Mo geschl.

Brekkeparken Kafé €€
Traditionelles Café im Telemark Museum mit schöner Aussicht.
• Øvregate 41 | 3715 Skien
  Tel. 47 68 40 03
  www.telemarkmuseum.no/en
  Mai–Aug. tgl. 11–21 Uhr

TELEMARK-KANAL ⭐ 📖 B–C13

Die Stadt Skien liegt im Südosten, das Dorf Dalen am westlichen Ende des Bandak-Sees. Kanäle und Flüsse verbinden hier vier große Seen. 18 zum Großteil noch handbetriebene Schleusen überbrücken den Höhenunterschied von 72 m.

Schon als von 1854 bis 1861 der 105 km lange Telemark-Kanal von Skien zum Norsjø gebaut wurde, spielte der Tourismus eine Rolle. In Ulefoss, Eidsfoss und am Wasserfall Vrangfossen lassen sich der Kanal und die Schleusenanlagen vom Ufer aus erleben.

Die meisten Touristen unternehmen die Halbtagesschiffsfahrt von Skien nach Dalen ▸ Tour 2 S. 84 und fahren mit dem Kanalbus zurück. Es ist auch möglich, ein Boot oder Kanu für eine Kanaltour zu mieten.

INFO
Telemarkreiser
• Uniongata 18 | 3707 Skien
  Tel. 35 90 00 20
  https://channels.visittelemark.com/tele
  markskanalen

HOTEL
Dalen Hotel €€€
Holzpalast im Drachenstil inmitten eines Parks.Nostalgisch schön wie die Fahrt auf dem Telemark-Kanal. 42 individuell gestaltete Zimmer, niveauvolle Gastronomie.
• Hotellvegen 33 | 3880 Dalen
  Tel. 35 07 90 00
  www.dalenhotel.no

RISØR 7 📖 C14

Nichts erinnert mehr an die Brand-katastrophe im Jahr 1861: Schmu-cke Patrizierhäuser zieren Risør, das wegen der Kunstgalerien und eines Holzbootfestivals Anfang August be-rühmt ist (www.trebatfestivalen.no). Die Stadt dehnt sich von ihrer Keimzelle am Ende einer Halbinsel in Richtung Schärengarten aus, wo Sonnenhungrige entspannt zwi-schen Felsen lagern.

CAMPING

Sørlandet Feriesenter Sandnes €
Zwischen Lyngør und Risør, 5 km östlich der Straße 411 gelegen. Alle Formen der Campingübernachtung, Selbstversor-gung. Maritime Aktivitäten.
• 4950 Risør
  Tel. 90 02 61 68
  www.sorlandet-feriesenter.no

RESTAURANT

Stangholmen €€–€€€
Der Leuchtturm von 1855 vor der Küste ist eines der beliebtesten Restaurants Norwe-gens; berühmt ist die Fischsuppe. Es ist mit einer kurzen Bootsfahrt erreichbar (stets zur halben und vollen Stunde vom Zentrum Risørs). Unbedingt reservieren!
> mehr S. 14 Punkt ⑭
• 4950 Risør | Tel. 37 15 37 00
  www.stangholmen.no
  Tgl. Mitte Juni–Mitte Aug.

LYNGØR 8 ⭐ 📖 C14

Das »Venedig am Skagerrak« breitet sich auf vier kleinen Inseln aus und gibt rund 100 Menschen ein Zuhau-se. Autos gibt es hier nicht, nur das

ungestörte Idyll eines Inseldorfs. Eine Fähre oder Wassertaxis setzen von Lyngørporten (Gjeving brygge) auf die Inseln über.

UNTERKUNFT/RESTAURANT

Resort Lyngørporten €€–€€€€
Komfortable Doppelzimmer und Ferien-häuser direkt am Wasser. Bunte Holzhäu-ser in typisch skandinavischem Stil. Ideal zum Angeln und für Ausflüge mit dem Boot in die Schären. Mit Restaurant.
• 4912 Gjeving | Tel. 37 19 80 00
  www.bokhotellet.no

TVEDESTRAND 9 📖 C14

Der Küstenort mit 6000 Einwoh-nern bietet Hafenidyll und Schären-garten – Schifffahrt und Tourismus dominieren hier. Die Bebauung zieht sich ungleichmäßig hangaufwärts in den Wald hinein. Zwischen den auf den ersten Blick gleich ausse-henden Häusern verstecken sich je-doch kleine Überraschungen: zum Beispiel das *strykejernet* (Bügelei-sen), das angeblich schmalste Haus in Norwegen.

GRIMSTAD 10 📖 B/C14

Die Stadt (23 000 Einw.) wirbt vor allem mit Kultur. Hier lebte ein jun-ger Mann namens Henrik Ibsen sechs Jahre lang, war Apotheker-lehrling und schrieb sein erstes Dra-ma »Catilina«. Die Apotheke ist heute das **Ibsen-Museum** (Henrik Ibsensgate 14, www.gbm.no). Sie wurde im Stil von 1837 erhalten und ist zusammen mit dem Stadtmuse-um eine Fundgrube für Ibsen-Fans.

INFO

Grimstad Turistinformasjon
- Jernbanebrygga 1 | 4876 Grimstad
  Tel. 37 25 01 68
  www.visitgrimstad.com

HOTEL/RESTAURANT

Strand Hotel Fevik €€€
Das ganzjährig geöffnete Hotel (Baujahr
1937) mit neuem Anbau liegt zwischen
Arendal und Grimstad an einem der
schönsten Strände der Südküste und verfügt über 90 Zimmer, die meisten mit
Meerblick; stilvolles Restaurant.
- Nedre Hausland 80 | 4870 Fevik
  Tel. 37 25 00 00
  www.strandhotelfevik.no

Am Stadtstrand Bystranda in Kristiansand,
eine der Rivierastädte Norwegens

KRISTIANSAND 11 📍 B14

Die meisten Besucher gelangen auf
dem Seeweg und nur auf der Durchreise in Norwegens einzige Renais-
sancestadt. Doch wer aus dem
Bauch einer der Autofähren heraus-
gerollt kommt, sollte auch mit einer
Stadt Bekanntschaft machen, in der
vieles an die dänischen Gründer
und die Bürgerlichkeit vergangener
Jahrhunderte erinnert. Kristiansand, mit rund 92 000 Einwohnern
sechstgrößte Stadt des Landes, ist
gleichzeitig auch die Rivierastadt
Norwegens. Sie lebt von ihrem Ruf,
Seglermetropole zu sein. Im Umland lockt der klimatisch bevorzugte Schärengarten, in dem Frühling
und Sommer länger als in anderen
Gegenden Norwegens dauern.

In kaum einer anderen Stadt
sieht man noch so viel von der Bau-
leidenschaft König Christians IV.
Von der strategischen Lage an der
Südspitze Norwegens und an der
Mündung des Flusses Otra überzeugt, gründete er 1641 eine neue
Garnisonsstadt. Trotz der zahlreichen Stadtbrände behielt Kristiansand bis heute die ursprüngliche
Schachbrettform mit 54 Karees bei.
Der Altstadtkern heißt passend
Kvadratur. Interessant ist vor allem
das Gebiet **Posebyen** ⭐ zwischen
Gyldenløvesgate und Kristian IV.
gate im nördlicheren Teil der Stadt:
Angeblich ist es das größte in Holz
gebaute Stadtviertel Europas. Sehenswert sind **Det gamle hospital** Ⓐ von 1709 in der Tordensk-
joldsgate und ein Patrizierhaus aus
dem 18. Jh. an der Ecke von Gyldenløvesgate mit Vestre Strandgate.

Die Rasenflächen um die 1672
errichtete **Festung Christiansholm** Ⓑ sind bereits im Mai von
Sonnenhungrigen besetzt. Zwar zieren noch acht Kanonen den runden

Bau am Hafen, doch dient die Festung heute für Kunstausstellungen und kulturelle Events (Mitte Mai bis Mitte Sept. tgl. 9–21 Uhr).

INFO

Turistinformasjon
- Rådhusgt. 18 | 4611 Kristiansand
  Tel. 38 07 50 00 | www.visitkrs.no

HOTELS

Clarion Hotel Ernst €€
Das traditionsreiche Hotel mit Nachtklub und Pianobar ist ein beliebter Treffpunkt.
- Rådhusgata 4 | 4664 Kristiansand
  Tel. 38 12 86 00
  www.nordicchoicehotels.no

Thon Hotel Parken €€
In der Altstadt Kvadratur gelegen und familiär geführt; solides Frühstück; im Restaurant gute Landesküche.
- Kirkegaten 15 | 4611 Kristiansand
  Tel. 38 17 20 40
  www.thonhotels.com

CAMPING

Hamre Familiecamping €–€€
Zeltplätze und Motelhütten, dazu Sandstrand und Wassersportmöglichkeiten.
- Hamresandv. 1 | 4656 Hamresanden
  (nordöstl. des Stadtkerns an der E 18)
  Tel. 38 05 87 87
  www.campingplassen.no
  April–Nov.

Ⓐ Det gamle hospital   Ⓑ Festung Christiansholm

RESTAURANTS

Bakgården €€–€€€
Angenehm ruhiges Restaurant mit sehr guter Küche.
- Tollbodgata 5 | 4610 Kristiansand
  Tel. 38 02 12 11 | www.bakgardenbar.no
  Nur abends geöffnet, So, Mo geschl.

Restaurant Sjøhuset €€€
Am Jachthafen; besonders an Sommerabenden zu empfehlen.
- Østre Strandgata 12a
  4610 Kristiansand | Tel. 38 02 62 60
  www.sjohuset.no | So geschl.

SHOPPING

Von Juni bis August findet samstags von 10–16 Uhr der **Posebyen-Markt** mit Kunsthandwerk statt › S. 78.

AUSFLUG VON KRISTIANSAND

Rund 10 km östlich des Zentrums liegt an der E 18 der **Tierpark** mit der **Miniaturstadt Kardemomme** (www.dyreparken.no, im Sommer tgl. 10–19 Uhr, sonst kürzer). Die Kombination aus Tierpark und Miniaturstadt ist allemal einen Tagesausflug wert. Wem das als Anreiz nicht genügt: Das **Automuseum Monte Carlo** liegt direkt daneben.

Gimle gård, etwa 2 km östlich der Stadtmitte in Gimlemoen, ist ein prachtvoller Gutshof aus dem frühen 19. Jh. und zeigt heute als Museum eine Gemäldesammlung, Stilmöbel und Porzellan. Nicht weit von Gimlemoen erhebt sich die mittelalterliche **Kirke Oddernes** mit ihrem hölzernen Westturm.

BUCHTIPP

Das Kinderbuch **Die Räuber von Kardemomme** von Thorbjørn Egner (diverse Ausgaben; auch als Hörspiel erhältlich) ist nicht nur in Norwegen ein Begriff; in der Miniaturstadt wird diese bezaubernde Geschichte lebendig!

MANDAL 12 📖 B14

Norwegens südlichste Stadt und der südlichste Punkt des Landes liegen noch 40 km auseinander. Die Badetemperatur am langen Sandstrand Sjøsand nahe Mandal erreicht im Sommer immerhin um die 21 °C. Norwegens größte Holzkirche von 1821 sowie die historische Altstadt machen den Küstenort, aus dessen Umgebung der Bildhauer Gustav Vigeland › S. 59 stammt, attraktiv.

SETESDALEN 📖 B13

Noch vor wenigen Jahrzehnten war das Tal schlecht zu erreichen, deshalb sind Traditionen besonders lebendig geblieben, und die Trachten werden hier häufiger als anderswo aus dem Schrank geholt. Haupterwerb für viele der uralten Bauernhöfe ist noch die Land- und Forstwirtschaft. Berühmt wurde das Setesdalen durch seine kunstvollen Silberschmiede, die ihre Produkte in mehreren Geschäften anbieten.

Doch immer mehr Touristen entdecken das tief eingeschnittene Tal, das Südnorwegen in zwei Hälften teilt. Glatt geschliffene Felswände, tiefe Wälder, lang gestreckte Seen und der Fluss Otra bieten viele Möglichkeiten für einen aktiven Urlaub.

Beliebt sind Kanu- und Raftingtouren, aber auch Kletterer und Wanderer kommen auf ihre Kosten.

In den aufgelassenen Gruben kann man auf eigene Faust auf die Suche nach Mineralien gehen. Im interessanten **Setesdal Mineralpark** sind Mineralien aus aller Welt zu sehen und zu erwerben (4737 Hornnes, www.mineralparken.no, Mitte Juni–Mitte Aug. tgl. 10 bis 18 Uhr, sonst kürzer, teilweise auch nur für Gruppen nach Vorbestellung; Nov.–April geschl., 170 bis 195 NOK, Kinder 3–13 Jahre 130 bis 170 NOK).

Den nördlichen Abschluss des Tals bildet der Wintersportort **Hovden** 📕 B13. Hier wird im **Jernvinnemuseum** anschaulich erklärt, wie einst die Wikinger die Eisenverhüttung erfunden haben (www.setesdalsmuseet.no).

INFO

Evje/Hornnes Turistinformasjon
- Verksmoen | 4735 Evje
  Tel. 37 93 23 46
  www.setesdal.com
  www.visitnorway.no

UNTERKUNFT/RESTAURANT

Sølvgarden Hotell & Feriesenter €€
Hotel, Motel, Appartment- und kleinere Hütten, Camping – und als Highlight die Turmsuite. Restaurant mit Terrasse. Viele Angebote für Aktivitäten.
- 4748 Rysstad Setesdal
  Tel. 37 93 61 30
  www.solvgarden.no
  Ganzjährig geöffnet

CAMPING

Neset Camping €
Toplage auf einer Halbinsel am südlichen Ende des Byglandsfjord. Komfortabel, Hüttenvermietung.
- Neset
  4741 Byglandsfjord
  Tel. 37 93 40 50
  www.neset.no
  Ganzjährig geöffnet

AKTIVITÄTEN

Troll Aktiv AS
Aktivreiseveranstalter mit breit gefächertem Angebot: Rafting, Bergsteigen, Elchsafari, Kanu- und Mountainbikeverleih.
- 4735 Evje
  Tel. 37 93 11 77
  www.trollaktiv.no

💬 ZUM SÜDLICHSTEN PUNKT NORWEGENS

Norwegens südlichster Punkt bietet auch einen wunderschönen Ausblick über die Schären und die offene See. Manch einer fährt gerade bei Sturm nach **Lindesnes** 📕 B14. Die Fahrt führt mit dem Auto auf der E 39 bis nach Vigeland und von dort auf der Straße 460 nach Süden. Am Ende der Straße liegen nur noch ein Parkplatz und der Leuchtturm von Lindesnes. Bei schönem Wetter und wenn es noch hell genug ist, kann man hinaufsteigen.
- Zudem kann das **Leuchtturmmuseum** besucht werden (www.lindesnesfyr.no, Mitte März–Mitte Okt. tgl. 10–17, in der Hochsaison bis 20, sonst nur Sa, So 11–16 Uhr, 80 NOK, Kinder 6–15 Jahre 25 NOK).

STAVANGER 13 ⭐ 📖 A13

Seit Anfang der 1970er-Jahre das schwarze Gold zu fließen begann, ist die Stadt (133 500 Einw.) die Ölmetropole des Landes. Seitdem gehört Stavanger zu den reichsten Städten eines ohnehin nicht gerade armen Landes. Dass viel von dem Geldsegen in kulturelle Projekte gesteckt wurde, fand nicht zuletzt darin Anerkennung, dass Stavanger zur europäischen Kulturhauptstadt des Jahres 2008 gekürt wurde. Berühmt ist etwa das jährlich im September stattfindende **Street-Art-Festival Nuart** (www.nuartfestival.no).

Im modernen **Norsk Oljemuseum** erfährt man höchst spannend alles über die Ölförderung und -verarbeitung (Kjeringholmen, www.norskolje.museum.no, Juni–Aug. tgl. 10–19, sonst Mo–Sa 10–16, So bis 18 Uhr, 120 NOK, Kinder 60 NOK).

Gamle Stavanger zwischen dem Hafen und dem Stadtteich lädt zum Verweilen ein: Hier wurde die alte Holzbebauung saniert und das ursprüngliche Stavanger mit Kopfsteinpflaster und Fußgängerzonen wiederbelebt. › mehr S. 16 Punkt 30

Diesen schönsten Teil der Stadt überragt die Domkirche, die die Altstadt von den Hauptverkehrsstraßen abschirmt. Im **Norwegischen Konservenmuseum** (Norsk Hermetikkmuseum) kann man im Sommer am Dienstag und Donnerstag frisch geräucherte Sardinen kosten sowie (Plastik-)Sardinen eindosen (Øvre Strandgate 88, www.norskhermetikkmuseum.no, Mitte Mai bis Mitte Sept. tgl. 10–16, sonst Di–Fr 11–15, Sa, So bis 16 Uhr).

INFO

Stavanger Turistinformasjon
• Strandkaien 61 | 4005 Stavanger

Fischmarkt von Stavanger mit dem Marinedenkmal

Tel. 51 85 92 00
www.regionstavanger-ryfylke.com

HOTEL
Comfort Hotel Square €€€
Sehr komfortables Hotel im Stadtzentrum, modernes Design, »Trendhotel des Jahres«. Dachterrasse mit 360-Grad-Blick.
• Løkkeveien 41 | 4008 Stavanger
Tel. 51 56 80 00
www.nordicchoicehotels.com

AUSFLÜGE VON STAVANGER

IN DIE SÜDLICHE UMGEBUNG
Wenn man das Zentrum von Stavanger südlich in Richtung Sola verlässt, kommt man nach einigen Kilometern zum Hafrsfjord. Schon von Weitem ist das **Denkmal Sverd i fjell** (Schwerter im Berg) am Ufer

Die Schwerter wurden 1983 als Denkmal im Felsen versenkt

der Møllebukta zu sehen. Die drei rund 10 m hohen, im Felsen steckenden Schwerter stehen für Frieden, Einheit und Freiheit und erinnern an die Reichseinigung unter König Harald Hårfagre im Jahr 872.

Die kleinen Küstenstraßen 510 und 507 führen in südlicher Richtung zum **Orrestranden** 📖 A13, einem kilometerlangen Sandstrand, der zu den herrlichsten Stränden Norwegens zählt.

ZUM KLOSTER UTSTEIN 14 📖 A13
Wenige Kilometer nördlich von Stavanger taucht man in den 5875 m langen Byfjordtunnel ab, einen der längsten unterseeischen Tunnel in Skandinavien. Dahinter geht es nach einer Brückenfahrt erneut abwärts in den 4424 m langen Mastrafjordtunnel. Die solcherart »unterkellerte« Schärenlandschaft würde nicht einmal mehr von den Blicken der Reisenden gestört werden – gäbe es nicht zwischen beiden Tunnel die Abzweigung zur Insel Mosterøy und zum über 700 Jahre alten Kloster Utstein (http://utsteinkloster.no, Mitte Mai–Aug. Mo-Sa 10–16, So 12–17, sonst nur So 12–17 Uhr, Nov.–Febr. geschl.). Die Küste unweit des Klostergartens ist eine Augenweide. Fahrten zum Kloster sind auch per Bus ab Stavanger möglich. Infos gibt es in der Turistinformasjon in Stavanger › S. 97.

LYSEFJORD ⭐ 2 📖 A–B13

Den Lysefjord erkundet man am besten von Stavanger aus. Es gibt mehrere Möglichkeiten. Eine ist die

Das Felsplateau Prekestolen am Lysefjord

Fährfahrt von Stavanger nach Tau (etwa 30 Min.), dann mit dem Auto 15 km Richtung Südosten auf der Straße 13 nach Jørpeland und Jøssang. Hier links auf eine kleine Nebenstraße abbiegen. Jetzt sind es noch 6 km bis zum Parkplatz an der Preikestolhytta. Der nun folgende rund zweistündige Fußmarsch setzt kräftige Waden, Ausdauer und gutes Wetter voraus – bis man dann urplötzlich ein starkes Kribbeln im Magen spürt: Das glatt gewaschene Felsplateau des **Prekestolen** (Kanzel) 15 🚩 A13 stürzt hier rund 600 m senkrecht in den schmalen Lysefjord. Das Panorama ist gewaltig.

Tief unten auf dem Fjord, in dem auch Seehunde heimisch sind, kann man den Ausflugsdampfer sehen, der die bequeme Alternative anbietet. Diese empfehlenswerten Lysefjord-Fahrten per Schiff starten und enden täglich in Stavanger und bieten großartige Naturerlebnisse. Den schmalen, rund 40 km langen Lysefjord kann man noch auf eine dritte Art erleben: Mit der Fähre geht es von Stavanger nach Lysebotn und dann die 27 Haarnadelkurven des **Lysefjordveien** hinauf bis zum Restaurant Øygardstølen, das wie ein Adlerhorst an der Felswand klebt. Hier beginnt die ziemlich anstrengende – hin und zurück etwa fünf- bis sechsstündige – Wanderung zum **Kjeragbolten**, einem großen Stein, der 1000 m über dem Fjord in einem Felsspalt eingekeilt ist ▶ S. 171 und eines der spektakulärsten Fotomotive abgibt – vor allem dann, wenn jemand auf dem Stein steht!

INFO

Lysefjordsenteret
• Oanes | 4110 Forsand | Tel. 51 70 31 23
  www.lysefjordsenteret.no

DAS FJORDLAND

Die 1380 m lange, beeindruckende Hardangerbrücke über den Eidfjord führt an beiden Enden direkt in Tunnel

Die zerklüftete Atlantikküste Norwegens sucht in Europa ihresgleichen. Für viele Besucher gelten deshalb die Fjorde, die sich vielfingrig und bis zu 200 Kilometer ins Landesinnere vorschieben, als die Seele des Landes.

Die E 39 ist die Lebensader der norwegischen Westküste. Die Nordsee liegt immer in der Nähe und unzählige Fjorde sind zu überqueren: Ein langsames Vorwärtskommen, Fähr, Tunnel- und Brückengebühren sollten einkalkuliert werden. Noch lange wird Westnorwegen von Autofähren abhängig sein, denn Tunnel oder Brücken über die breitesten Fjorde sind selbst Norwegern zu teuer. Fjordnorwegen, wie dieser Teil des Landes genannt wird, bietet eine unerreichte landschaftliche Vielfalt: das offene Meer, die Fjorde, Schären, Inseln, den größten Gletscher des Landes, die schöne alte Stadt Bergen und Orte wie das attraktive Ålesund.

Fjordnorwegen verlockt zum Wandern an Sandstränden, über Klippen, durch Wälder und sogar im Hochgebirge und auf Gletschern. Das Wetter ist wechselhaft, teilweise sogar extrem: Das Westkap ist berüchtigt für seine Stürme, Bergen gilt als regenreichste Stadt, und auf dem Jostedalsbreen kann sogar im Sommer Schnee fallen. Aber es gibt auch ein Kontrastprogramm: Ende Mai blühen die Obstbäume in verschwenderischer Pracht am Hardangerfjord, und am Sognefjord gibt es richtig warme Sommertage mit viel Sonnenschein. Auch Edvard-Grieg-Fans kommen im Fjordland auf ihre Kosten, denn bei Bergen steht sein Alterssitz, heute ein Museum.

TOUREN IN DER REGION

TOUR 5

VON BERGEN ZUM SØRFJORD

ROUTE: Bergen › Rosendal › Odda › Kinsarvik › Norheimsund › Bergen

KARTE: Seite 102

DAUER: 3 Tage
PRAKTISCHE HINWEISE:

- Vergessen Sie Ihre Wanderschuhe nicht und planen Sie genügend Zeit für Erkundungen zu Fuß ein.
- Die Wanderung durch das Husedalen sollten Sie auf jeden Fall unternehmen.
- Von seiner schönsten Seite zeigt sich der Sørfjord während der Obstbaumblüte ab Ende Mai.

TOUR-START:

Ausgangs- und Endpunkt ist die Hansestadt **Bergen** 1 › S. 105. Wem der Regen nichts ausmacht oder wer eine Schönwetterperiode erwischt, sollte sich Zeit für den Fischmarkt, die Museen und das Aquarium nehmen und vom Hausberg die einmalige Aussicht genießen. Edvard Griegs Traumhaus **Troldhaugen** 3 › S. 109 liegt vor den Toren der Stadt. Wer sich losreißen kann, fährt auf

der E 39 gen Süden, nimmt dann die Straße 552 und setzt mit der Fähre über einen Seitenarm des Hardangerfjords. Nun geht es auf kleinen, kurvigen Straßen, die so typisch für das Fjordland sind, zur nächsten Fähre, die dann zwischen Gjermundshamn und Løfallstrand einen weiteren Arm des Hardangerfjords überwindet. Jetzt sind es nur noch wenige Kilometer bis zum Tagesziel, der **Baronie Rosendal** 4

TOUREN IM FJORDLAND

TOUR 5

VON BERGEN ZUM SØRFJORD

Bergen › Rosendal › Odda › Kinsarvik › Norheimsund › Bergen

TOUR 6

ZUM NÆRØY- UND SOGNEFJORD

Bergen › Voss › Stalheim › Laerdalsøyri › Balestrand › Voss › Bergen

TOUR 7

ZUM JOSTEDALSBREEN UND GEIRANGERFJORD

Bergen › Vadheim › Førde › Skei › Olden › Briksdalsbreen › Olden › Geiranger › Valldal › Trollstigen › Åndalsnes › Ålesund

> S. 109. Am nächsten Morgen führt die Straße in Richtung Norden mit schöner Aussicht am Fjordufer entlang bis zum Tunnel unter dem Folgefonn-Gletscher. Bei Odda lohnt ein Abstecher zum **Buarbreen** `5` > S. 110. Übernachtet wird in Lofthus > S. 111 am Sørfjord. Tags darauf geht es weiter zum Fähranleger Kinsarvik > S. 111. Dort steht eine Wanderung durch das Husedalen > S. 111 auf dem Programm. Dann nimmt man wieder die Fähre und überquert den mächtigen Hardangerfjord. Über Norheimsund gelangt man nach Bergen zurück.

ZUM NÆRØY- UND SOGNEFJORD

ROUTE: Bergen > Voss > Stalheim > Lærdalsøyri > Balestrand > Voss > Bergen

KARTE: Seite 102
DAUER: 3 Tage
PRAKTISCHE HINWEISE:
- Unzählige Tunnel, darunter mit 24,5 km der längste Straßentunnel der Welt, noch mehr Kurven und Fährpassagen erfordern Geduld.
- Genauere Infos zu Fähren > S. 29.

TOUR-START:
Durch eine endlose Kette von Tunneln geht es auf der E 16 von **Bergen** `1` > S. 105 nach **Voss** `11` > S. 113.

Wem der Sinn nach sportlichen Aktivitäten steht, sollte im örtlichen Touristenbüro nachfragen, das auch exotische Wünsche erfüllt. Nicht nur deshalb bietet sich eine Übernachtung in Voss an, denn in Fleischer's Hotel > S. 113 kommen Sie in einem der schönsten Holzpaläste Norwegens unter. Anderntags kann man einen Blick von Stalheim > S. 114 hinunter ins enge Nærøydalen werfen: Es ist der Auftakt zu den Highlights des Fjordlandes. Mit abenteuerlichem Gefälle geht es hinunter zum Nærøyfjord > S. 114, wo man sich jedoch entscheiden muss: entweder durch endlose Tunnel (über 40 km) bis nach Lærdalsøyri am Ende des Fjords fahren oder per Schiff durch den engen Nærøyfjord dorthin übersetzen. Auch auf der weiteren Fahrt nach **Balestrand** `15` > S. 115 am Nordufer des Sognefjords, das sich als Übernachtungsort eignet, warten noch Fähren und Tunnel. Es bleibt aber genug Zeit, den Sognefjord > S. 115 zu bewundern, bevor es über Voss zurück nach Bergen geht.

ZUM JOSTEDALSBREEN UND GEIRANGERFJORD

ROUTE: Bergen > Vadheim > Førde > Skei > Olden > Briksdalsbreen > Olden > Geiranger > Valldal > Trollstigen > Åndalsnes > Ålesund

KARTE: Seite 102
DAUER: 5 Tage
PRAKTISCHER HINWEIS:
• Die Hochgebirgspassagen um Geiranger sind im Winter unpassierbar und werden erst ab etwa Juni bis Ende September für den Verkehr freigegeben.

TOUR-START:

Auf der E 39 verlässt man Bergen **1** > S. 105 nordwärts, überquert den Sognefjord und nähert sich allmählich dem **Jostedalsbreen 16** > S. 116. Am Südzipfel des Gletschers zweigt die Straße nach Fjærland > S. 116 ab, wo man übernachtet und mit Muße das Norwegische Gletschermuseum besucht. Dann geht es wieder zurück zur Hauptstraße und in den Ort Olden, der an einem Seitenarm des Nordfjords liegt. Der wunderschöne See Oldevatn > S. 116 bietet sich zur nächsten Übernachtung an, doch an diesem Tag sollte man noch bis zum Briksdalen fahren und den kurzen Spaziergang bis zur Gletscherzunge Briksdalsbreen > S. 116 machen, die vom Plateau des Jostedalsbreen herunterfließt.

Zwischen Olden und Stryn verläuft die Straße noch ein Stück am Fjordufer entlang, bevor sie ins Landesinnere und dann ins Hochgebirge abbiegt. Nun ist es nicht mehr weit bis zum berühmten Blick auf den Geirangerfjord > S. 118 aus der Vogelperspektive. Auf Serpentinen geht es hinunter nach **Geiranger 20** > S. 118, wo man trotz der Touristenmassen sogar übernachten sollte, denn abends stellt sich Ruhe ein.

Am nächsten Tag geht es über den Adlerweg *(Ørenveien)* in Serpentinen hinauf. Der Ausflug ins Gebirge ist nur kurz, denn am Storfjorden wartet die nächste Fähre. Danach wird es erneut spektakulär:

Im Stadtteil Bryggen in Bergen

Der **Trollstigen** `21` › S. 119, eine Ser-
pentinenstraße par excellence, ist zu
bewältigen. In **Åndalsnes** › S. 119 am
Romsdalsfjord bietet sich die letzte
Übernachtung an. Schließlich markiert die Jugendstilstadt **Ålesund** `23`
› S. 120 das Ende der Tour.

› S. 119 ... › S. 120

FÄHREN
• Fähren am **Sognefjord:** Oppedal–Lavik,
Vangsnes–Dragsvik/Balestrand, Gud-
vangen–Kaupener–Lærdal, Ortnevik–
Måren–Nordeide und Fodnes–Manheller

• Fähren am **Hardangerfjord:** Kinsarvik–
Utne–Kvanndal, Jondal–Tørvikbygd.
• Die Hauptfährverbindungen um **Bergen**
sind Halhjem–Våge und Halhjem–Sand-
vikvåg.
• Die **Hurtigrute** › S. 24 macht Station in
Bergen, Ålesund, Geiranger, Molde und
Kristiansund.

INFO
Offizielle Seite der Region:
• www.fjordnorway.com (auch auf
Deutsch).

UNTERWEGS IM FJORDLAND

BERGEN `1` ★ ▮ A12

Baudenkmäler, Kirchen und Wohn-
viertel rund um den Hafen in der
Kulturhauptstadt Europas des Jahres 2000 erzählen von der Geschichte Bergens (280 000 Einw.).

Trotz zahlreicher Stadtbrände ist
Holz, besonders auf der Nordseite
von Vågen, der Hafenbucht, das be-
stimmende Baumaterial. Erstaun-
liche bauliche Homogenität zeigen
die Viertel Sandviken und Nordnes
um Vågen und den Puddefjord herum. Sie ziehen auch eine klare
Grenze zwischen Kauf- und See-
leuten, Bürgern und Arbeitern. Ber-
genser sprechen einen eigenen Dia-
lekt und sind stolz darauf. Solange
der Regen regelmäßig fällt, ist in
Bergen alles in Ordnung.

Seit der Gründung 1070 war Bergen eine Schifffahrtsstadt, und im
12./13. Jh. war es nicht nur Hauptstadt und kirchliches Zentrum, sondern auch wichtigster Hafen für
einen regen Handel mit den Insel-
reichen im Westen. Der Tauschhan-
del Salz und Weizen gegen Trockenfisch blühte in der Hansezeit, vor
allem, nachdem im 14. Jh. mit der
Gründung des Hanseatischen Kon-
tors der gesamte Handel an deutsche Kaufleute gekommen war.

Selbst als die Hansekaufleute
langsam von den Meeren und aus
der Stadt verdrängt wurden, blieb
Bergen ein Anziehungspunkt für
Menschen aus anderen Ländern.

BRYGGEN `A` ★ ▮ b–c2
Nach dem Stadtbrand von 1702
wurden viele der schönen Giebel-
häuser des Stadtteils Bryggen wie-
deraufgebaut.

Diese einst in sich abgeschlosse-
ne Welt mit ihren nun windschiefen
Speicherhäusern und den schmalen, mit Holzbohlen ausgelegten
Gassen war Sitz der Hansekaufleute.

Heute zählt die UNESCO Bryggen zum Weltkulturerbe.

Am Nordende erhebt sich rechts die Marienkirche aus der ersten Hälfte des 12. Jhs. und seit dem späten Mittelalter die Hauptkirche der Hanseaten. Bis weit ins 19. Jh. wurde hier auf Deutsch gepredigt. In den **Schøtstuene** Ⓑ daneben vergnügten sich 400 Jahre früher die hanseatischen Kaufleute feuchtfröhlich. Hier und im **Hanseatischen Museum** Ⓒ, in der Nähe des Torget, kommt man der Hansezeit ganz nah (Finnegården 1A, www.museumvest.no, Juni–Aug. tgl. 9 bis 18, Mai, Sept. bis 17, sonst 11 bis 15 Uhr).

Ⓐ Bryggen
Ⓑ Schøtstuene
Ⓒ Hanseatisches Museum

Ⓓ Fischmarkt
Ⓔ Fløyen
Ⓕ Rasmus-Meyer-Sammlung

Ⓖ Westnorwegisches Kunstindustrie-museum
Ⓗ Aquarium

IM ZENTRUM 🞑 b/c3–4

Bergen ist nach Güterumschlag eine der größten Hafenstädte der Welt – doch das Zentrum um den **Fischmarkt** ⓓ ⭐ am Torget wirkt immer noch so kleinstädtisch wie vor Jahrhunderten. Ab 7 Uhr früh werden frische Dorsche, Seelachse, Garnelen und Krabben angeboten.

Der Blick vom Rücken der Halbinsel Nordnes oder der Johanneskirche über das Zentrum hinüber zum Berg **Fløyen** ⓔ ist geprägt vom reizvollen Kontrast zwischen dem Grün des Waldes, dem Blau des Meeres und den großteils weiß und rot gestrichenen Holzhäusern. Hinauf zum Berg Fløyen fahren die »gläsernen Waggons« der Fløibanen (http://floyen.no, im Sommer tgl. bis 23 Uhr). Im Westen schimmert hinter den vorgelagerten Inseln die Nordsee, im Südosten sieht man (vielleicht) verschneite Gipfel.

In einem ehemaligen Barackenhospital erinnert das **Lepramuseum** an den Entdecker des Leprabazillus, den Arzt Gerhard Henrik Armauer Hansen (Kong Oscarsgate 59, www.bymuseet.no, Mitte Mai bis Aug. tgl. 11–15 Uhr).

Auf der anderen Seite des Stadtteichs Lille Lungegårdsvann kommen Kunstliebhaber voll auf ihre Kosten: u. a. in der **Rasmus-Meyer-Sammlung** ⓕ (norwegische Maler, insbesondere Munch), im **Städtischen Kunstmuseum** (norwegische Malerei des 19. und 20. Jhs.) und im **Westnorwegischen Kunstindustriemuseum** ⓖ, die alle unter dem Dach des KODE zusammengefasst sind – eines der größten Kunstmu-

seen Skandinaviens (www.kodebergen.no, Mitte Mai–Mitte Sept. tgl. 11–17, sonst Di–Fr bis16, Sa, So bis 17 Uhr). Zum Schluss bleibt noch das älteste und größte norwegische **Aquarium** ⓗ (Nordnesbakken 4, www.akvariet.no, Mai–Aug. tgl. 9 bis 18, Sept.–April tgl. 10–16, Do, Sa, So bis 18 Uhr).

INFO
Tourist Information
• Torghallen | Strandkaien 3
  5012 Bergen
  Tel. 55 55 20 00
  www.visitbergen.com

VERKEHR
• **Flüge:** Tgl. nach Kopenhagen und Oslo, Zubringerbus bis/ab Stadtmitte.
• **Bahn:** Mit der berühmten Bergenbahn von Oslo, mehrmals tgl.
• **Fähren:** Hirtshals (DK)–Bergen (mehrmals wöchentlich; Fahrzeit 20 Std.; günstiges Autopaket) oder Hirtshals (DK)–Kristiansand, dann mit der Bahn nach Stavanger und per Bus oder Schnellfähre nach Bergen.
• **Busse:** Innenstadtbusse fahren ab Olav Kyrres gate, Christies gate oder der Hauptpost, Linien in die Vororte ab ZOB.

UNTERKÜNFTE
Best Western Hotell Hordaheimen €€
Modernes Haus in Hafennähe. Im Restaurant gibt's norwegische Hausmannskost.
• C. Sundtsgate 18 | 5004 Bergen
  Tel. 55 33 50 00
  www.hordaheimen.no

Scandic Neptun €€
Moderne Standardzimmer; die Suiten haben Künstler entworfen.

Edvard Griegs Alterssitz Troldhaugen

- Valkendorfsgate 8 | 5012 Bergen
  Tel. 55 30 68 00
  www.scandichotels.no/neptun

Bratland Camping €
Straße 580, 16 km vom Zentrum,
gehobener Standard.
- Brattlandsveien | 5268 Haukeland
  Tel. 55 10 13 38
  www.bratlandcamping.no
  Mai–Mitte Sept., Zimmer und Hütten
  ganzjährig

Marken Gjestehus €
Gästehaus mit 2- und Mehrbettzimmern in
moderner Umgebung.
- Kong Oscars gate 45 | 5017 Bergen
  Tel. 55 31 44 04
  www.marken-gjestehus.com

Vandrerhjem Montana €
Etwa 5 km vom Zentrum; erreichbar mit
Bus Nr. 12. Ausgezeichnet für Umwelt-
freundlichkeit.
- Johan Blytts vei 30 | 5096 Bergen
  Tel. 55 20 80 70 | www.montana.no

RESTAURANTS

Holbergstuen €€€
Traditionelle norwegische Küche in
eleganter Atmosphäre.
- Torgallmenningen 6
  5014 Bergen
  Tel. 55 55 20 55
  www.holbergstuen.no

Enhjørningen €€
Berühmtes feines Fischrestaurant im
Stadtteil Bryggen.
- Enhjørningsgården 29 | 5003 Bergen
  Tel. 55 30 69 50
  www.enhjorningen.no
  Tgl. ab 16 Uhr, Okt.–April So geschl.

NIGHTLIFE

Gutes Bier in für Bergen typischer Atmosphäre gibt's in der **Wessel Bar** in der
Nähe des Theaters (Øvre Ole Bulls plass 6).
Zu den ältesten Pubs Bergens gehören
die **Skipperstuen** in der Torggaten 9 im
Zentrum. Auch das **Café Opera** (Engen 18)
ist ein beliebter Treffpunkt, vor allem
von Studenten.

Kulturhuset USF
Konzerte, Theater, Ausstellungen und Café
auf dem Gelände einer alten Werft.
• Georgernes Verft 12 | 5011 Bergen
 Tel. 55 30 74 10 | http://usf.no

Dyvekes Vinkjeller
Gemütlicher Weinkeller aus dem 15. Jh.
• Hollendergaten 7 | 5017 Bergen
 Tel. 55 32 30 60 | http://dyvekes.no

SHOPPING

Südlich des Fischmarkts bzw. auf der Halbinsel Nordnes liegen die Einkaufszentren
und der autofreie Platz Torgalmenning
📱 c3, wo man die besten Geschäfte der
Stadt findet. In Bryggen verkauft **Juhls
Silver Gallery** › S. 169 Silberschmuck und
im **Julehuset på Bryggen** gibt es ganzjährig alles rund ums Weihnachtsfest.

AUSFLUG VON BERGEN

Die bei Hochzeitspaaren beliebte
Stabkirche Fantoft 2 📱 A12, die
1992 durch Brandstiftung zerstört
wurde, wurde originalgetreu wieder-
aufgebaut. Der ursprüngliche Bau
stammte vermutlich aus dem 12. Jh.
und war 1883 vom Sognefjord in die
Nähe von Bergen versetzt worden.
Die Kirche liegt etwa 8 km südlich
des Zentrums. Busse fahren alle
20 Min. ab ZOB 📱 c4 (Bystasjonen,
neben dem Bahnhof, Bussteige 19,
20 und 21). Nach etwa 10 Min. ist
die Haltestelle Fantoft erreicht. Der
weitere Weg ist beschildert.
 Von der Haltestelle Fantoft geht
es weiter mit dem Bus zur Haltestelle Hopsbroen; der etwa viertelstün-
dige Spaziergang bis **Troldhaugen**
3 📱 A12 ist ausgeschildert. Edvard

Griegs Alterssitz liegt etwa 10 km
südlich des Stadtkerns. Dazu gehören neben dem hübschen Holzhaus
ein Grieg-Museum, die kleine Kom-
ponistenhütte am Wasser, ein schöner Konzertsaal und die Grabkam-
mer für Edvard und Nina Grieg
(www.griegmuseum.no, tgl. 10–16,
im Sommer 9–18 Uhr, Konzertpro-
gramm und -karten bei der Tourist
Information in Bergen › S. 107).
 22 Jahre lebte und arbeitete Norwegens bekanntester Komponist in
diesem Haus, das heute noch wie zu
seinen Lebzeiten eingerichtet ist.

BARONIE ROSENDAL 4 📱 A12

Auf der Halbinsel Kvinnherad liegt
Norwegens einzige Baronie, sie ist
außerdem Skandinaviens kleinstes
Schloss. Der dänische Edelmann
Ludvig Rosenkrantz erbaute die Baronie Rosendal 1665, heute ist sie
mit historischer Einrichtung Museum und Ort für Kulturveranstaltun-
gen. Im Park, nach den Idealen der
Renaissance angelegt, stehen viele
alte Bäume, auch der Blumengarten
mit Rosen, Rhododendren usw. ist
sehenswert. Café und Restaurant
nutzen Erzeugnisse des Schloss-
gartens (www.baroniet.no, Juli bis
Mitte Aug. tgl. 10–17, sonst Di–So
11–16 Uhr; Garten tgl. 9–19 Uhr).

UNTERKUNFT

Baronie Rosendal €–€€
Stilvoll übernachtet man in den 14 Zimmern der früheren Farm und weiteren
8 Zimmern des ehemaligen Frauenhauses.

Der Aurlandsfjord bei der Ortschaft Aurland auf der Ostseite des Fjords

- 5486 Rosendal
  Tel. 53 48 29 99
  www.baroniet.no

SØRFJORD B12

Der knapp 40 km lange, aber nur wenige hundert Meter breite Sørfjord ist einer der vielen Nebenarme

---

DIE IMPOSANTESTEN FJORDE

- **Sørfjord,** schmaler Seitenarm des Hardangerfjords, am Westufer erhebt sich der mächtige Folgefonn-Gletscher. > S. 110
- **Aurlandsfjord** B11, ein enger Seitenarm des Sognefjords.
- **Geirangerfjord,** UNESCO-Weltnaturerbe und Ziel zahlreicher Kreuzfahrten. > S. 118
- **Trollfjord,** trennt die Lofoten und Vesterålen, spektakuläre enge Felseinfahrt. > S. 156

---

des Hardangerfjords. Lieblich könnte man seine Berghänge nennen, wenn da nicht immer wieder das glitzernde Eis des Folgefonn-Gletschers den Blick verwirren würde. Am schönsten präsentiert sich der Sørfjord ab Ende Mai zur Baumblüte: An den Ufern wachsen mehr als 500 000 Obstbäume.

Odda, am Südende des Fjords, ist heute eine Industriestadt – kaum zu glauben, dass der Ort vor rund 100 Jahren eines der beliebtesten Reiseziele Norwegens war. Doch als Ausgangspunkt für eine Wanderung zum **Buarbreen** 5 B12, einer Gletscherzunge des Folgefonn, ist Odda ideal.

Der **Folgefonn** bedeckt eine Fläche von mehr als 200 km², die höchste Erhebung misst 1662 m. Seit 2005 sind große Teile der Halbinsel einschließlich des Gletschers als Nationalpark geschützt.

Ein Muss ist der kurze Abstecher zum tosenden Wasserfall **Låtefossen** 6 B12 etwa 15 km südlich von Odda. Seine Wassermassen haben ihren Ursprung auf der Hardangervidda, treppenförmig stürzt er hinab und fächert sich am Fuß auf. Schon aus einiger Entfernung ist zu sehen, wie seine Gischt über die Straße 13 zieht. Von den steilen Hängen der Hardangervidda stürzen immer wieder Wasserfälle herab, doch keiner so unmittelbar an der Straße wie der Låtefossen.

An der Straße 13 in Richtung Norden liegt das Dorf **Ullensvang,** in dem Edvard Grieg › S. 109 im Sommer Stammgast war. Die Hütte, in der er komponierte, steht jetzt im Garten des Hotel Ullensvang.

Am Nordende des Sørfjord gelangt man in das Dorf **Lofthus**. Es ist der Inbegriff dessen, was die Region so berühmt macht: die Kleinbetriebe (vorzugsweise für Holzarbeiten) und die steilen Hänge mit Obstbäumen. Die Mönche des Lyseklosters bei Bergen nutzten als Erste das konstante Klima und bestellten den Hangboden. Sie legten auch den **Mönchsstieg** *(Munkestien)* an, der ca. 8 km nordöstlich am Hof Opedal beginnt und zum Westrand der Hardangervidda führt: 950 m Aufstieg werden mit dem Blick über den Fjord belohnt.

Noch ein Stück weiter nördlich liegt der Fährort **Kinsarvik**. Wer nicht gleich die erste Fähre über den Fjord nehmen muss, sollte zu Fuß noch das **Husedalen** erkunden. Stetig bergauf gehend liegen hier vier mächtige Wasserfälle am Wegesrand – es ist eine der schönsten Wanderungen, die man in Norwegen unternehmen kann!

UTNE 7 🏠 B12

Der kleine Ort liegt am Nordende der Kvinnherad-Halbinsel. Hin und wieder legt eine Fähre an. Es gibt gute Gründe, hier zu verweilen: das **Hardanger-Volksmuseum** (www. hardangerogvossmuseum.no, Mai bis Aug. tgl. 10–17, sonst Mo–Fr 9–15 Uhr), das historische **Utne Hotel** › S. 112 und die beeindruckende Aussicht auf die verschiedenen Arme des **Hardangerfjords**.

Auf der Fährfahrt von Utne nach Kvanndal öffnet sich im Westen der

💬 **WASSERFALL**

Rund 2 km hinter Norheimsund zieht es Touristen die wenigen Meter von der Straße bis zum **Steindalsfossen** 8 🏠 A12. Seine Fallhöhe von 50 m ist für norwegische Verhältnisse geradezu lächerlich, doch da man unter ihm trockenen Fußes hindurchgehen und ihn dann von hinten ansehen kann, erfreut er sich größter Beliebtheit.

Hardangerfjord, im Osten bilden die Berge eine scheinbar undurchdringliche grünliche Wand – ein überwältigender Ausblick.

Utne Hotel €€

Gepflegtes kleineres Traditionshotel, das seit 1722 Gäste vorzüglich beherbergt.

- 5779 Utne

  Tel. 53 66 64 00

  www.utnehotel.no

  Mai–Sept.

INSEL SOTRA 9 📗 A12

Wie ein Wall erstreckt sich die 120 km lange, schmale, heute durch Brücken mit dem Festland verbundene Insel Sotra vor der Bucht von Bergen. Schmale Sunde und Hunderte kleinerer Inseln gruppieren sich um Sotra herum.

Grauer Fels dominiert auf der Seeseite, während in den Talsenken im Inselinnern grüne Tannenwälder und Wiesen gedeihen. Sotra ist ein schönes Ziel für Taucher, Angler und Bergsteiger.

Im Norden, in **Kollnes,** ist ein gigantisches Gas-Terminal unübersehbar, in dem der Rohstoff aus der Nordsee vor dem Weitertransport nach Deutschland und Belgien bearbeitet wird.

Im Süden von Sotra liegen die Orte **Telavåg** und Glesvær. Während der deutschen Besatzung im Zweiten Weltkrieg brannte die Gestapo 1942 in der »Nacht von Telavåg« das gesamte Dorf in einer Racheaktion nieder; alle Männer wurden deportiert. Ein kleines Mu-

seum und ein Gedenkstein erinnern an die furchtbaren Ereignisse.

Das Fischerdorf **Glesvær** ist quasi Sotra im Kleinformat: ein sehr alter Handelsplatz inmitten einer wunderschönen Schärenlandschaft.

INSEL FEDJE 10 📗 A11

Vom Festland aus sind nur graue Felsen in der offenen See, ein paar Häuser und der Leuchtturm an der Südwestspitze zu sehen. Die 7,4 km² kleine Insel Fedje nördlich von Bergen spiegelt noch das harte Leben der Küstenbewohner wider.

Wenn die Fähre (ab Sævrøy) im Hafen von Fedje festmacht, ist eine Fischereigemeinde mit langer Geschichte erreicht. Die Kirche ist Blickpunkt, und am Kiosk warten einige Jugendliche auf eine lebenswerte Zukunft und Arbeitsplätze. Doch neben der Fischzucht gibt es kaum Arbeitsmöglichkeiten. Vorbei sind die Zeiten, in denen alle Männer von hier zum Walfang aufbrachen und die Heringsschwärme an Fedje vorbeizogen. Die beiden Walfangboote der Insel fahren im Sommer nach Norden, um die genehmigten vier bis fünf Tiere zu fangen, die Sardinenfabrik produziert nicht mehr, die Lachsräucherei liegt auf einer anderen Insel. Noch wohnen hier ein paar hundert Menschen. Durch die Fahrrinne nördlich der Insel gleiten riesige Öltanker zur Raffinerie Mongstad oder zu den Abnehmerländern in aller Welt vorbei. Hier liegt die Zukunft von Fedje, denn die Lotsenstation ist heute ein wichtiger Arbeitsplatz. Die Lot-

Rafting ist eine der vielen Wassersportarten, die man von Voss aus unternehmen kann

sen sollen die Katastrophe verhindern, an die niemand denken mag – selbst wenn im Januar die Nordweststürme über Fedje hinwegfegen.

UNTERKUNFT

Kræmmerholmen €€

In wunderschöner Lage direkt am Wasser kann man 3 komfortable, allerdings nicht ganz billige *sjøhus* (Seehäuser) mieten.
- 5947 Fedje | Tel. 90 56 26 52
  www.kremmerholmen.no

VOSS 11 📖 B12

Über Hochgebirgsstraßen, Tunnel und enge Fjorduferstraßen erreicht man Voss. Hier prägen Landwirtschaft, Volkstanz und Kunsthandwerk das Leben. Im Sommer bestimmt der **See Vangsvatnet** das Bild, im Winter locken die Berge mit Pisten und Loipen. Das Ortsbild prägen v. a. Nachkriegsbauten; ein Prachtbau aus vergangenen Tagen ist Fleischer's Hotel. Voss ist ein Mekka für sportlich Aktive: mit ei-

ner Vielzahl von Flug- und Wassersportarten, Reiten und Biken. Das Touristenbüro vermittelt die besten Anbieter.

INFO

Voss Turistinformasjon
- Skulegata 14 | 5700 Voss
  Tel. 40 61 77 00
  www.visitvoss.no
  www.vossresort.no

UNTERKÜNFTE

Fleischer's Hotel €€€

Der stattliche Holzpalast mit seiner weißen Belle-Époque-Fassade, den Türmen und Erkern ist ein architektonisches Juwel.
- Evangervegen 13 | 5700 Voss
  Tel. 56 52 05 00 | www.fleischers.no

Voss Vandrerhjem €

Moderne Unterkunft mit 2- und Mehrbettzimmern am Ufer des Sees Vangsvatnet mit sportlichem Angebot.
- Evangervegen 68 | 5700 Voss
  Tel. 56 51 20 17
  www.vosshostel.com

NÆRØYFJORD 4 ▌B11

Rekordverdächtig und traumhaft schön ist der Nærøyfjord. Er zählt deshalb seit 2005 zum Welterbe der UNESCO. Knapp 20 km misst der Seitenarm des mächtigen Sognefjords, doch an seiner engsten Stelle

---

📣 **FLÅMBAHN**

Der Bahnhof Myrdal ▌B12 liegt 865 m hoch, nach nur 20 km wird bei Flåm ▌B11 Meereshöhe erreicht. Fünf voneinander unabhängige Bremssysteme trotzen dem Gefälle von bis zu 55 %. Auf der spektakulären Bahnstrecke werden zudem 20 Wendetunnel durchfahren. Bisweilen hält der Zug an: Fotopause! Rechts Wasserfälle, links die unergründliche Schlucht.

Wer nicht wieder hinauf, sondern einen wunderschönen Seitenarm des Sognefjords erleben will, macht die Rundreise **Norway in a Nutshell** mit (www.norwaynutshell.com, tgl. eine Abfahrt u. a. ab Oslo, Bergen oder Voss): Zugfahrt bis Flåm, Fährfahrt bis Gudvangen, Busfahrt bis Voss. Der Bus keucht auf 1,5 km die 13 Serpentinen der schmalen **Stalheimskleivi**, der steilsten Straße Norwegens hoch. Die Passagiere blicken dabei lieber zum Wasserfall Stalheimsfossen. Beim Hotel Stalheim lässt sich der Blick in die Tiefe dann aber endlich richtig genießen.

---

ist er gerade mal 250 m breit; wem das zum Staunen noch nicht reicht, der muss nur den Kopf in den Nacken legen und bekommt so einen Blick auf die bis zu 1200 m hohen, senkrechten Felswände an seinen Ufern. Es gibt verschiedene Möglichkeiten, ihn zu erleben, z. B. aus der Ferne von der Aussichtsterrasse des **Stalheim Hotels** 12 ▌B11. Von dort fällt der Blick auf das enge, fast immer schattige Tal und das Ende des Fjords. Eine abenteuerliche Straße mit bis zu 20 % Gefälle führt hinunter nach **Gudvangen.** Wer hier die Fähre nach Kaupanger besteigt, der hat einen Logenplatz zum Bestaunen des Naturwunders Nærøyfjord gebucht. Zwischen Flåm und Gudvangen verkehrt ein Sightseeing-Katamaran, die »Vision of the Fjords« für rund 400 Passagiere – völlig lautlos mit Elektroantrieb.

HOTEL

Stalheim Hotel €€–€€€
Die Aussicht von der Hotelterrasse ins Nærøydalen ist überwältigend. Allerdings viele Bustouristen, da Stalheim zum Ausflug »Norway in a Nutshell« gehört.
• 5715 Stalheim | Tel. 56 52 01 22
  www.stalheim.com

STABKIRCHE BORGUND 13 ⭐ ▌B11

Eine der besterhaltenen und ursprünglichsten Stabkirchen steht 30 km östlich von **Lærdalsøyri.** Die Stabkirche von Borgund ist nicht nur eine der ältesten, sie ist in ihrer langen Geschichte, die sich bis zum

Ende des 12. Jhs. zurückverfolgen lässt, auch nie umgebaut oder verändert worden. Die sich übereinander auftürmenden Dächer sind mit Schindeln gedeckt und von Drachenköpfen gekrönt (www.stave church.com, Mai–Sept. tgl. 10–17, Mitte Juni–Mitte Aug. 8–20 Uhr).

AM SOGNEFJORD

BREKKE 14 📖 A11

Am Südufer des längsten aller norwegischen Fjorde liegt inmitten einer blühenden Natur der winzige und ruhige Ort Brekke. Das **Herrenhaus Lovisendal** von 1750, ehemals Sitz des Landrichters, überragt mit seiner mächtigen Buche das Dorf. Hier öffnet sich der Sognefjord in seiner ganzen Schönheit.

HOTEL

Brekkestranda Fjordhotel €€
Originelle Bauweise aus Holz, Glas und Grassoden; die Innengestaltung kommt ohne rechte Winkel aus. Fast alle der 26 geräumigen Zimmer haben einen Ausgang zum Garten und Blick auf den Fjord.
• 5961 Brekke | Tel. 57 78 55 00
  www.brekkestranda.no

BALESTRAND 15 📖 B11

Das Dorf am östlichen Ende des Sognefjords bietet ein echtes Idyll, denn einiges erinnert an die besten Zeiten um die Wende vom 19. zum 20. Jh., als noch gekrönte Häupter und Romantiker hier Urlaub machten. Sie hinterließen reich verzierte Holzvillen, als Kuriosität eine von Engländern nachgebaute Stabkirche und das überaus bekannte Kviknes Hotel von 1913.

Heute geht es hier ruhiger zu, doch der Sognefjord, der im Sommer an südliche Gefilde erinnert, und die hohen Berge der Umgebung sind immer noch ideal für einen längeren (Wander-)Aufenthalt in Balestrand.

Dem Apostel Andreas ist die Stabkirche Borgund geweiht

INFO

Balestrand Turistinformasjon
- Kaien | 6899 Balestrand
  Tel. 94 87 75 01
  www.sognefjord.no

HOTELS

Kviknes Hotel €€–€€€
Stilvolles Traditionshotel in bezaubernder Lage, als Europas bestes Hotel am Wasser ausgezeichneter Altbau im Schweizer Stil. Hier hat schon so manche Berühmtheit übernachtet.
- 6898 Balestrand | Tel. 57 69 42 00
  www.kviknes.no

Kringsjå Hotell/Vandrerhjem €
Einfaches Hotel mit 20 Zimmern und tolle Jugendherberge mit nettem Café zum Draußensitzen direkt am Fjord.
- 6899 Balestrand | Tel. 57 69 13 03
  www.kringsja.no

JOSTEDALS-BREEN 16 5  B11

Der größte europäische Festlandsgletscher bedeckt eine Fläche von rund 1000 km² und hat eine Länge von annähernd 100 km. Seine Eisdecke ist bis zu 500 m dick, und von seinem Hochplateau fließen rund zwei Dutzend Gletscherzungen.

Der Jostedalsbreen, seit 1991 ein Nationalpark, ist aber kein isolierter Eisriese, rings um ihn herum gibt es noch viele weitere kleinere Gletscher. Die Norweger nennen dieses Gebiet deshalb **Breheimen,** Heimat der Gletscher.

Besucher haben mehrere Möglichkeiten, sich den eisigen Zungen des Gletschers zu nähern. Die meisten kommen von Süden über die Straße 604 (Sackgasse) durch das Jostedalen – wegen seiner zahlreichen Moränen geologisch interessant – und machen einen Ausflug zum **Nigardsbreen.** › mehr S. 13 Punkt ❾ Auf der Nordwestseite des Gletschers lockt der **Briksdalsbreen** viele Besucher an. Hier ist schon die Anfahrt entlang des intensiv grünen Sees **Oldevatn** ein besonderes Erlebnis. Wer Lust auf eine längere Wanderung hat, kann einen Ausflug zum **Austerdalsbreen** machen, ebenfalls auf der Südseite des Gletschers.

Besuchern ist das **Norwegische Gletschermuseum** in **Fjærland** ans Herz zu legen. In dem modernen Erlebniszentrum gibt es Ausstellungen, Schautafeln, Filme und Experimente über Gletscher und Klimaänderungen (www.bre.museum.no, April–Mai, Sept.–Okt. tgl. 10–16, Juni–Aug. 9–19 Uhr).

Vom Museum ist es nicht weit zu den Gletscherzungen **Bøyabreen** und **Suphellebreen.**

INFO

Breheimsenteret
Die spektakuläre Gletscherkathedrale des Besucherzentrums, die 2011 abbrannte, wurde 2013 wiedereröffnet. Touristeninfo, Multivisionsshow und Ausstellungen zum Nationalpark; auch geführte Wanderungen auf den Gletscher können hier gebucht werden.
- 6871 Jostedal
  Tel. 57 68 32 50
  http://jostedal.com
  Mai–Sept. tgl. 10–17, Juli, Aug. 9–18 Uhr

Nigardsbreen, eine Gletscherzunge des Jostedalsbreen

HOTEL

Fjærland Fjordstove Hotell €€
Persönlich geführtes Haus mit 15 einfa-
chen, aber liebevoll möblierten Zimmern.
Tolle Lage; gehobenes Restaurant.
• 6856 Fjærland | Tel. 41 00 02 00
  http://fjaerlandhotel.com
  Ende März–Ende Sept.

CAMPING

Olden Camping Gytri €
Kleiner Campingplatz 13 km von Olden in
Richtung Briksdalsbreen am Ufer des Olde-
vatnet. Vermietung von einfachen Hütten.
• 6788 Olden | Tel. 57 87 59 34
  www.oldencamping.com | Mai–Sept.

JØLSTRAVATNET 17 📖 A–B11

Unterhalb der Ausläufer des Jostedalsbreen erstreckt sich der riesige
See Jølstravatnet mit Blumenwiesen
ringsum, ganz typisch für die Region Sogn und Fjordane. An beiden

Ufern des Sees liegen **Kunstgale-
rien.** Diese Region nördlich des So-
gnefjord ist bekannt für ihre tiefen
Fjorde, für ihre zerklüftete Küste,
Hochgebirge und Gletscher – für
Puritanismus und Enthaltsamkeit.

Hier wohnen auf 5,8 % der Lan-
desfläche nur ca. 100 000 Menschen.
Es mag an dem Überfluss an reiner
Natur liegen, dass Sogninger gesün-
der sind und länger leben als andere
Norweger – das Leben mit und von
der Natur ist auch heute noch für
diese Menschen am wichtigsten; v. a.
Landwirtschaft, Fischerei und Tourismus bilden die Existenzgrundlage.

NORDFJORD 📖 A10

Die Region Nordfjord lebt von
Viehwirtschaft sowie der Fjordin-
ger-Zucht. Reitferien mit diesen zä-
hen Pferden haben hier eine lange
Geschichte.

Nördlich von Nordfjordeid werden beim Bootsbauer Helset in **Bjør-kedalen** 18  A 10 (an der E 39) Wikingerschiffe wie vor 1000 Jahren gebaut. Aufträge gibt es genug, und jedes Jahr im August findet auf dem Nordfjord eine Regatta statt.

UNTERKUNFT

Bjørkedalen Gjestehytter €
Der Wikingerschiffbauer vermietet auch sechs urige Hütten für 6–12 Personen. Mit Campingplatz. Auch Bootstouren.
• 6120 Folkestad | Tel. 70 05 20 17
  www.helset.info

VESTKAPP 19  A 10

Bei Nordfjordeid fährt man auf die Halbinsel **Statlandet,** die die Grenze zwischen Nordsee und Nordmeer markiert. Windumtost und oft in Nebel gehüllt wird der westlichste Punkt des norwegischen Festlandes von allen Kapitänen gefürchtet. Über der Steilküste thront »Das Weib« *(Kjerringa),* wie der rund 400 m hohe Vestkapp-Felsen heißt, ein Plateau mit Rundumpanorama.

GEIRANGERFJORD ⭐

Das Dorf **Geiranger** 20  B 10 (300 Einw.) das jeden Sommer eine halbe Mio. Besucher zu verkraften hat, ist es doch Norwegens bekanntestes Postkartenmotiv und Ziel vieler Kreuzfahrtschiffe sowie Busreisen.

Nicht ohne Grund zählt der Geirangerfjord mit seinen sattgrünen, fast senkrechten Wänden und den meist verlassenen Almhöfen seit 2005 zum Welterbe der UNESCO. Wer nicht mit einem der Kreuzfahrtschiffe oder mit der Fähre kommt, muss sich auf viele Serpentinen auf der Straße 63 gefasst machen: Egal ob **Adlerweg** *(Ørneve-*

Zum Weltnaturerbe der UNESCO gehört der Geirangerfjord

gen) in Richtung Norden oder aber *Flydalsjuvet* in Richtung Süden, es geht hoch hinaus. Wer noch höher will, schraubt sich über den mautpflichtigen **Nibbevegen** zum Gipfel des 1476 m hohen **Dalsnibba** und wird dafür mit einem allumfassenden Rundblick belohnt.

INFO

Geiranger Turistinformasjon
• Geirangervegen 2 | 6216 Geiranger
  Tel. 70 26 30 99 | www.fjordnorway.com

VERKEHR

• Im Sommer mehrmals tgl. **Fjordrundfahrten**. Die **Autofähre** von Geiranger nach Hellesylt und Valldal verkehrt in der Hauptsaison ebenfalls mehrmals tgl.

HOTELS

Hotell Utsikten €€€
Seit über 100 Jahren in Familienbesitz. Exponierte Lage über dem Fjord.
• 6216 Geiranger | Tel. 70 26 96 60
  www.classicnorway.no/hotell/hotell-utsikten-geiranger

Union Hotel €€€
Traditionshotel mit modernem Innenleben. Schwimmbad, Restaurant, toller Blick auf den Fjord.
• 6216 Geiranger | Tel. 70 26 83 00
  www.hotelunion.no

TROLLSTIGEN 21 📖 B10

Valldal, direkt am Norddalsfjord, wirbt mit Campingplatz, Cafeteria und mit verlockenden Erdbeerfeldern. › mehr S. 15 Punkt 21 Die Menschen leben vom Obst- und Gemüseanbau, der sogar Aprikosen und

Pfirsiche hervorzaubert. Viele Touristen holen hier nochmals tief Luft, bevor sie ihre Autos in Richtung **Gudbrandjuvet** und **Trollstigen** lenken – Ersteres eine furchterregende 5 m breite Schlucht, Letzteres eine gut 100 km lange Autokletterpartie mit elf Haarnadelkurven, die nach **Åndalsnes** führt. › mehr S. 12 Punkt 5

UNTERKÜNFTE

Åndalsnes Vandrerhjem €–€€
Etwas außerhalb von Åndalsnes auf dem ehemaligen Setnes Gård; sehr gemütlich und stilvoll.
• Setnes | 6300 Åndalsnes
  Tel. 71 22 13 82 | hihostels.no
  Mitte Mai–Ende Aug., Gruppen länger

Mjelva Camping €
Toller Blick auf die Bergwelt des Romsdalen; vor einigen Jahren als bester Campingplatz der Region ausgezeichnet.
• 6300 Åndalsnes | Tel. 71 22 64 50
  www.mjelvacamping.no | Mai–Mitte Sept.

RESTAURANT

Trollstigen Café €€
Spektakuläre Architektur in spektakulärer Landschaft: Der Bau aus Beton und Glas mit Wasserumgebung zeigt, dass sich urwüchsige Natur und modernes Bauen durchaus vertragen können.
• Trollstigen 1 | 6300 Åndalsnes
  Tel. 94 84 97 55 | http://trollstigen.no

INSEL RUNDE 22 📖 A10

Fisch ist vor allem in den Inselgemeinden Westnorwegens die wichtigste Lebensgrundlage. Mit Anglern und Tauchern treten dabei Tausen-

Papageitaucher auf Runde

de von Seevögeln in Konkurrenz. Solche Eindrücke vermittelt ein Besuch der Insel Runde im Westen der Region Sunnmøre. Über schmale Brücken geht es an Fischerdörfern, vertäuten Kuttern und Trockenfischgestellen vorbei zur Vogelkolonie. Der Weg von der Straße bis zum 300 m steil abfallenden Felsen mit den Nistplätzen hat etwas Unnorwegisches: Das Gras auf der Landseite weiden Schafe ab. Am Ziel übertönt Vogelgeschrei den kräftigen Wind: Papageitaucher und Dreizehenmöwen bilden die größten Kolonien. Insgesamt nisten auf dem **Rundebranden** 32 Seevogelarten. > mehr S. 13 Punkt ❿

Runde lockt nicht nur mit tosender Brandung, seichten Stränden und Vögeln. Noch im bereits kalten Herbst kommen Taucher her – zur Schatzsuche. Reich beladene Schiffe liefen vor der Insel auf Grund, der bekannteste Fund (1972) stammte vom holländischen Schiff »Akerendam«, das hier 1725 sank.

UNTERKUNFT

Goksøyr Camping €
Der Treffpunkt für alle, die auf die Vogelfelsen wollen. Zeltplatz, Zimmer, Hütten und Ferienhäuser, dazu jede Menge Tipps vom Fachmann. Kleiner Kiosk.
• 6096 Runde | Tel. 70 08 59 05
www.insel-runde.de
April–Sept., Voranmeldung ratsam

ÅLESUND 23   B10

Die Stadt (48 000 Einw.) besticht u. a. durch die Offenheit und Freundlichkeit ihrer Bewohner. Es ist ein wahrer Genuss, hier herumzubummeln – und der Blick vom Hausberg **Aksla** über die Inseln vor der Stadt, die wilden Sunnmøre-Alpen und in die untergehende Sonne bleibt unvergesslich.

Im Hafen werden die Fische noch direkt vom Kutter an die Endverbraucher verkauft, und zwar vor der Kulisse schmucker Jugendstilhäuser am Hafenbecken.

Die architektonische Schönheit – die übrigens einmalig in Norwegen ist – verdankt die Stadt dem großen Brand von 1904, dem alle Holzhäuser zum Opfer fielen. Im **Jugendstilzentrum** in der Apotekergate 16 erfährt man alles über den Wiederaufbau, der dank der Unterstützung des in Norwegen vernarrten deutschen Kaisers Wilhelm II. in Rekordzeit vonstatten ging (www.jugendstilsenteret.no, Juni–Aug. tgl. 10–17, sonst Di–So 11–16 Uhr).

Ein weiteres Highlight ist der riesige moderne Aquarienpark **Atlanterhavsparken**, der direkt in die Küstennatur hineingebaut wurde (www.atlanterhavsparken.no, Mitte Juni–Mitte Aug. tgl. 10–18, Sa bis 16, sonst 11–16, So bis 18 Uhr).

INFO
Ålesund Touristeninformation
- Skateflukaia | 6002 Ålesund
  Tel. 70 16 34 30 | www.visitalesund.com

HOTEL
Clarion Collection Hotel Brosundet €€€
Stilvoll restaurierter Speicher am Hafen; hoher Standard, geräumige Zimmer.
- Apotekergate 1–5 | 6018 Ålesund
  Tel. 70 11 45 00
  www.nordicchoicehotels.com

RESTAURANT
XL Diner €€€
Fischrestaurant mit tollem Ausblick, in dem sich der Gast durch die Zubereitungsarten von Bacalao (getrockneter Kabeljau) in Norwegen und anderen Ländern durchprobieren kann.
- Skaregata 1 B | 6002 Ålesund
  Tel. 70 12 42 53 | www.xldiner.no

MOLDE 24 ▮ B10

Das milde Klima ermöglicht sogar Rosenzucht am Nordufer des Romsdalsfjord. Die Stadt Molde (27 000 Einw.) blickt auf eine lange Geschichte als Fischereihafen zurück; im **Fischereimuseum** auf der herrlichen Insel Hjertøya hat man Boote und Geräte gesammelt und rekonstruiert den Alltag der Küstenbewohner. Auch eine Tranbrennerei ist zu sehen. Das **Romsdalsmuseum** ⭐ ist eines der größten Freilichtmuseen Norwegens (Per Amdams veg 4, www.romsdalsmuseet.

no, Mitte Juni–Mitte Aug. tgl. 11 bis 17, sonst Mo–Fr bis 15, Sa, So bis 16 Uhr; Park tgl. 8–22 Uhr).

Die Aussicht vom Hausberg **Varden** ist herrlich – mit dem berühmten Molde-Panorama und dem Blick auf eine unendlich scheinende Bergkette, die auch im Sommer noch teilweise von Schnee bedeckt ist.

INFO
Turistinformasjon
- Torget 4 | 6413 Molde
  Tel. 70 23 88 00 | www.visitmolde.com

HOTEL
Scandic Seilet €€€
Das architektonische Highlight hat die Form eines riesigen Segels und ist direkt in den Fjord gebaut. Spektakulärer Blick.
- Gideonveien 2 | 6429 Molde
  Tel. 71 11 40 00 | www.scandichotels.de

AUSFLUG ZUR TROLLKYRKJA 25 ▮ B9

Knapp 30 km nördlich von Molde schuf die Natur eine 70 m lange Felsenhöhle mit drei Hallen: die Trollkyrkja. Etwa 1,5 Std. Fußweg von der Straße 64 entfernt, liegt sie ca. 38 m über dem Meer. Taschenlampe nicht vergessen!

HÅHOLMEN 26 ▮ B9

Der Weg von Molde nach Kristiansund über Håholmen ist seit einigen Jahren um eine Attraktion reicher: Die zwölf Brücken und Steindämme der **Atlantikstraße** (*Atlanterhavsveien, RV 64*) verbinden die Inseln

Die Brücke nach Kristiansund

und Holme miteinander. Man hat das Gefühl, das Meer zu durchfahren. Der norwegische Weltumsegler Ragnar Thorseth und seine Frau haben wieder Leben in das ehemalige Fischerdorf Håholmen an der Atlantikstraße gebracht, das heute zu den ursprünglichsten Urlaubszielen der Westküste zählt.

HOTEL

Håholmen Havstuer A/S €€
Zimmer und *rorbuer* mit dem Standard guter Hotels, ideal für Taucher und Naturfreunde. Mit Restaurant und Pub.
• Kårvåg | 6530 Averøy
  Tel. 71 51 72 50 | www.classicnorway.no

KRISTIANSUND 27 📖 B9

Jahrhundertelang bildete Trockenfisch die Lebensgrundlage der heute 24 600 Einwohner zählenden Stadt. Erst 1992 wurde die teure Brücken-

verbindung zum Festland fertiggestellt, davor war Kristiansund nur per Schiff zu erreichen.

Im **Nordmøre Museum** spielt das Meer die Hauptrolle: Es gibt Ausstellungen zur Fischverarbeitung und Herstellung von Klippfisch, auf der museumseigenen Werft werden alte Segelschiffe restauriert (Storgata 19, www.nordmore.museum.no, Mo–Fr 9–14 Uhr).

INFO

Kristiansund Turistinformasjon
• Kongens plass 1 | 6501 Kristiansund
  Tel. 70 23 88 00
  www.visitkristiansund.com

VERKEHR

• **Expressboote** verbinden Kristiansund mit Trondheim; **Expressbusse** fahren nach Oppdal, Oslo, Molde und Ålesund.

UNTERKÜNFTE

Quality Hotel Grand €€
Das größte Hotel der Stadt mit 158 Zimmern. Gutes Restaurant.
• Bernstorffstredet 1 | 6509 Kristiansund
  Tel. 71 57 13 00
  www.choicehotels.com

Atlanten Motel & Camping €–€€
Zeltplatz, Wohnmobilstellplätze, Zimmer und einfache Hütten, Cafeteria.
• Dalaveien 22 | 6511 Kristiansund
  Tel. 71 67 11 04 | www.atlanten.no

RESTAURANT

Smia Fiskerestaurant €€–€€€
Fischrestaurant in einer alten Schmiede mit hervorragender Speisekarte.
• Fosnagata 30 | 6509 Kristiansund
  Tel. 71 67 11 70 | www.smia.no

TÄLER UND FJELLS

Atemberaubend ist der Blick vom Besseggen-Grat auf den Gjende-See und die Gipfel des Jotunheimen

In den großen Tälern leben die Menschen noch heute von der Landwirtschaft. Die Gebirge mit ihren gezackten Gipfeln und die weiten Hochebenen sind menschenleer und ein Paradies für Wanderer.

Das norwegische Wort *fjell* bedeutet Gebirge. Einige der schönsten Gebirgsregionen des Landes wie z. B. Hardangervidda, Jotunheimen, Rondane und Dovrefjell – allesamt Nationalparks – bekamen ihr heutiges Gesicht durch die mächtigen Gletscher der letzten Eiszeit.

Ein Großteil dieser Fjellregionen liegt oberhalb der Baumgrenze mit vielen Gipfeln jenseits der 2000-Meter-Marke. Die karge Vegetation und das harte Klima haben bis heute eine Besiedlung verhindert – so sind in Europa einmalige Naturlandschaften erhalten geblieben.

Einsam sind sie, aber nicht unzugänglich, denn die Norweger haben eine Infrastruktur geschaffen, die es jedem ermöglicht, im Gebirge unterwegs zu sein – seien es Spaziergänger, erfahrene Wanderer oder Bergsteiger.

Ganz anders zeigen sich die großen Täler: Hier sind die Böden fruchtbar, und die Menschen betreiben überwiegend Landwirtschaft; der Glaube an die eigene Scholle und die Früchte der Natur dominiert. Hier kann man als Besucher in lieblicher Landschaft angeln, Kanu fahren und vor allem wandern. Das bekannteste und touristisch am besten erschlossene Tal ist das Gudbrandsdalen mit der gemütlichen kleinen Stadt Lillehammer, bekannt durch die Olympischen Winterspiele von 1994.

Der Sognefjellvegen (Straße 55)

TOUREN IN DER REGION

TOUR 8

UM DEN HARDANGER-JØKULEN

ROUTE: Geilo › Finse › Rembesdalseter › Kjeldebu › Finse › Geilo

KARTE: Seite 126
DAUER: 5 Tage
PRAKTISCHE HINWEISE:
- Die beste Zeit für diese Wande-
  rung ist Juli und August, andern-
  falls trifft man auf Schneefelder,
  ab September auf Neuschnee.
- Für Übernachtungen bieten sich
  die Berghütten des DNT in Finse,
  Rembesdalseter und Kjeldebu an
  › S. 40.

TOUR-START:
Die Wanderung führt in drei Tagen
um den Hardangerjøkulen in der
Hardangervidda › S. 129 herum. Von
Geilo 3 › S. 131 über Haugastøl geht
die Bergensbahn hinauf nach **Finse** 2 › S. 129. Dort sollte man sich
einen Tag Zeit lassen und in Ruhe
die Gegend erkunden. Am nächsten
Morgen geht es zur 1. Tagesetappe
nach Rembesdalseter. Die 2. Tagesetappe hat Kjeldebu zum Ziel, am
3. Tag erreicht man wieder Finse.
Unterwegs gibt es kaum Höhenun-
terschiede, allerdings sind die Etappen mit bis zu 8 Std. recht lang.

TOUR 9

ZU DEN HÖHEPUNKTEN DES JOTUNHEIMEN

ROUTE: Otta › Lom › Galdhøpiggen ›
Urnes › Fagernes › Beitostølen ›
Giendesheim › Otta

KARTE: Seite 126
DAUER: 5 Tage
PRAKTISCHE HINWEISE:
- Für diese Tour sind Bergschuhe
  unerlässlich, denn zwei Wanderungen gehen über Schneefelder
  auf den höchsten Berg des Landes,
  den Galdhøpiggen, und über den
  Besseggen-Grat.
- Diese Tour sollte man nur im Juli
  und August unternehmen.

TOUR-START:
Von **Otta** 14 › S. 138 fährt man über
die Straße 15 nach **Lom** 8 › S. 134
und besichtigt dort die Stabkirche.
Von der Straße 55 abzweigend, win-
det sich eine kleine Stichstraße in
vielen Serpentinen hinauf zur Tou-
ristenhütte Juvasshytta › S. 133 auf
gut 1800 m. Von hier ist die Besteigung des 2469 m hohen Galdhøpiggen in rund 3 Stunden zu bewältigen (auch geführte Touren). Danach
geht die Fahrt aus eisigen Höhen auf
derselben Straße zurück auf die 55
und dann hinunter zum sommer-

lichen Lustrafjord, einem Seitenarm des Sognefjords. Wer die **Stabkirche von Urnes** 9 > S. 134 besichtigen möchte, nimmt von Skjolden die kleine Straße am Ostufer des Lustrafjords und kann unterwegs noch einen Blick auf den imposanten Wasserfall Feigumfossen werfen.

Da die Straße kurz hinter Urnes endet, muss man wieder bis Skjolden zurückfahren und danach die Reise am Westufer des Fjords fort-

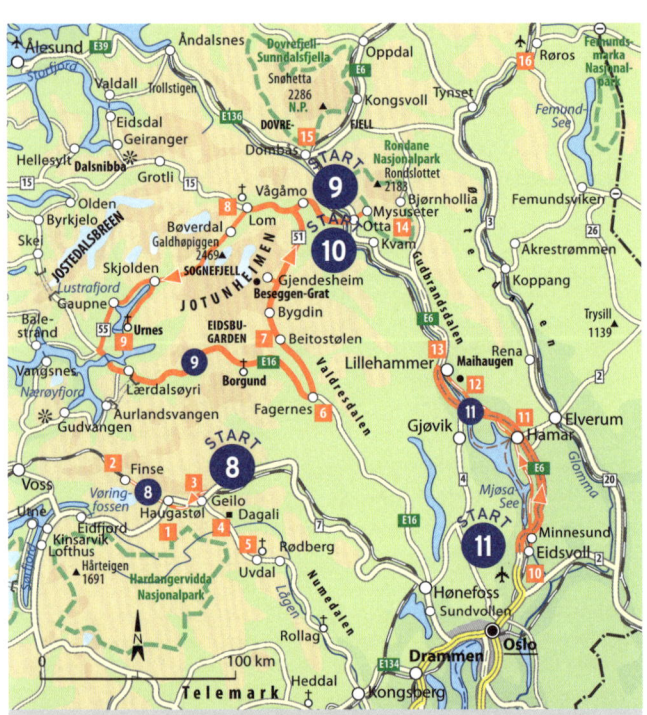

TOUREN IN DEN TÄLERN UND FJELLS

TOUR 8

UM DEN HARDANGERJØKULEN

Geilo > Finse > Rembesdalseter > Kjeldebu > Finse > Geilo

TOUR 9

ZU DEN HÖHEPUNKTEN DES JOTUNHEIMEN

Otta > Lom > Galdhøpiggen > Urnes > Fagernes > Beitostølen > Giendesheim > Otta

TOUR 10

WANDERN IM RONDANE-GEBIRGE

Otta > Mysuseter > Rondvassbu > Mysuseter > Otta

TOUR 11

ZUR OLYMPIASTADT LILLEHAMMER

Eidsvoll > Hamar > Lillehammer

setzen. Rund 15 km hinter Gaupne bietet sich eine weitere Möglichkeit für einen Abstecher zur Stabkirche von Urnes, denn von Solvorn pendelt eine kleine Personenfähre über den Fjord. Über Sogndal und Kaupanger gelangt man wieder zum Sognefjord, der dann mit der Fähre von Mannheller nach Fodnes überquert wird. Die E 16 führt nun durch mehrere Tunnel am Südrand des Jotunheimen entlang zur Stabkirche von Borgund › S. 114 und bis **Fagernes** 6 › S. 132. Hier biegt man auf die Straße 51 ab zur Gebirgssiedlung **Beitostølen** 7 › S. 133 und fährt dann durch das Jotunheimen › S. 133. Über Bygdin nähert man sich Gjendesheim – der Ausgangspunkt für eine Tageswanderung über den Besseggen-Grat › S. 133. Von Gjendesheim fährt man noch weitere 50 km durch die Bergwelt des Jotunheimen, bis es vor Vågåmo wieder in vegetationsreichere Regionen hinunter geht. Von dort ist es nur noch ein kurzer Weg bis nach Otta, dem Ausgangsort.

> **PRAKTISCHE HINWEISE:**
> • Die Strecke ist mit normaler Kondition gut zu bewältigen.
> • Vor dem Start – am besten Juli bis August – ist ein Blick auf den Wetterbericht dringend zu empfehlen.
> • In Mysuseter gibt es Hütten und Hotels, in Rondvassbu eine einfache DNT-Hütte › S. 40.

TOUR-START:

Nach der Fahrt von **Otta** 14 › S. 138 hinauf nach Mysuseter am Rand des Rondane-Gebirges › S. 139 geht es zu Fuß weiter. Die 1. Etappe bis Rondvassbu ist mit ca. 2,5 Std. kurz, bietet aber schon erste spektakuläre Ausblicke auf die über 2000 m hohen Gipfel der Umgebung. Von der Hütte in Rondvassbu aus kann man in Tagesausflügen die Gipfel von Rondslottet und Veslesmeden besteigen – oder man wandert zur nächsten Hütte, z. B. nach Bjørnhollia. Der Ausflug ins Gebirge endet mit dem Rückweg nach Mysuseter und der Fahrt hinunter nach Otta.

WANDERN IM RONDANE-GEBIRGE

> **ROUTE:** Otta › Mysuseter › Rondvassbu › Mysuseter › Otta
>
> **KARTE:** Seite 126
> **DAUER:** 4 Tage

ZUR OLYMPIASTADT LILLEHAMMER

> **ROUTE:** Eidsvoll › Hamar › Lillehammer
>
> **KARTE:** Seite 126

DAUER: 2 Tage
PRAKTISCHER HINWEIS:
- Diese Tour lässt sich am besten mit öffentlichen Verkehrsmitteln durchführen. Auf der Strecke fahren regelmäßig Züge und Busse, auf dem Mjøsa-See verkehrt mehrmals wöchentlich zwischen Eidsvoll und Hamar der Raddampfer Skibladner > S. 135 (Ende Juni–Mitte August, unbedingt lange im Voraus buchen: www.skibladner.no).

TOUR-START:

Mit **Eidsvoll** 🔟 > S. 135, dem Ort am Südende des Mjøsa-Sees > S. 135, verbinden Norweger eines der wichtigsten Ereignisse ihrer Geschichte: Im sogenannten *Eidsvollbygningen* wurde am 17. Mai 1814 nach langen Jahren der Unterdrückung durch die Nachbarländer Schweden und Dänemark die norwegische Verfassung verabschiedet. Ein kleines Museum erinnert an dieses Ereignis.

Der Mjøsa-See – der größte See Norwegens – war früher eine der wichtigsten Lebensadern in den Provinzen Hedmark und Oppland. Im Sommer verkehrten Schiffe auf ihm, im Winter fuhren Pferdeschlitten über das Eis. Heute durchzieht den Süden Norwegens ein dichtes Straßennetz, weshalb der 120 km lange See seine einstige Bedeutung als Transportweg verloren hat. Doch es gibt noch ein Überbleibsel, den Raddampfer Skibladner > oben, der 1856 in Dienst gestellt wurde. Mehrmals wöchentlich macht er sich im Sommer mit Touristen an Bord auf die rund dreistündige Reise von Eidsvoll nach Hamar. Das sorgfältig restaurierte weiße Schiff ist pure Nostalgie. Ein Zwischenstopp im Städtchen **Hamar** 11 > S. 135 lohnt sich zur Besichtigung der Domruine, des Hedmark- und Eisenbahnmuseums sowie der Olympiahalle.

Die Winterolympiastadt **Lillehammer** 13 > S. 137 an der Schnittstelle von Mjøsa-See/Gudbrandsdalen > S. 136 erreicht man mit Bus oder Bahn. Die ruhige Kleinstadt erfreut mit schönen, von Holzhäusern gesäumten Straßen und einer Handvoll Museen, von denen sicher das **Freilichtmuseum Maihaugen** 12 > S. 136 zu den großen Attraktionen Norwegens zählt. Wer sich von der schönen Lage Lillehammers überzeugen möchte, erklimmt die Olympiaschanze und kann von dort den Blick über den glitzernden See und die bewaldeten Hänge des Gudbrandsdalen schweifen lassen.

VERKEHRSMITTEL

- **Flugverbindungen:** Røros, tgl. Flüge nach bzw. von Oslo und Trondheim.
- **Bahn:** Bergensbahn von Oslo nach Bergen mit Halt in Geilo und Haugastøl; Dovrebanen von Oslo nach Trondheim mit Halt in Hamar, Lillehammer, Otta und Dombås; Østerdalsbanen ebenfalls von Oslo nach Trondheim mit Halt in Røros.
- **Bus:** Jeder Ort ist mind. einmal täglich mit dem Bus zu erreichen.
- **Fähren:** Die M/B Bitihorn über den See Bygdin verkehrt Ende Juni–Anfang Sept. zwischen Bygdin und Eidsbugarden, tgl. zwei Abfahrten in jede Richtung (www.jvb.no/en/bitihorn); über den Sognefjord: Fodnes-Mannheller (www.fjord1.no/eng).

UNTERWEGS IN DEN TÄLERN UND FJELLS

HARDANGERVIDDA 📖 B12

Von den Gletschern der letzten Eiszeit geglättet, bildet die Hardangervidda ein riesiges Hochplateau jenseits der Baumgrenze. Endlose flache Ebenen, unzählige Seen und nur ganz wenige sanfte Gipfel sind die Charakteristika dieser kargen und steinigen Landschaft. Fast die Hälfte der Hardangervidda steht als Nationalpark unter Schutz.

Haugastøl **1** 📖 B12 ist das Tor zu einem der faszinierendsten Wandergebiete Europas. Am Bahnhof der Bergensbahn treffen sich viele Rucksacktouristen, die hier ihren Marsch in die Hardangervidda beginnen. Einige fahren noch weiter bis zum höchstgelegenen Bahnhof Norwegens in **Finse** **2** 📖 B12, der auf 1222 m zwischen den Höhenzügen Hardangerjøkulen und Hallingskarvet liegt. Der Marsch von Finse zur Gletscherzunge Blåisen ist eine schöne Tagestour.

Wer sich die gesamte Vidda zum Ziel gesetzt hat, sollte auch bei guter Kondition mindestens eine Woche Zeit mitbringen. Das dichte Netz der Wanderwege in alle Richtungen und mehr als 30 Hütten machen dieser Landschaft nichts aus. Doch mit der Vidda ist nicht zu spaßen, denn das Wetter kann sehr plötzlich umschlagen, und selbst im Sommer gehören unbedingt warme Sachen in den Rucksack.

Bei Røldal am Rand der Hardangervidda

Wo auch immer man ist, blinkt der Gletscher Hardangerjøkulen am Nordrand der Vidda bei schönem Wetter im Sonnenlicht. Selbst Ende Juni kann es auf dem Gipfel des Gletschers schneien, und die große Wanderung quer hinüber sollte man erst ab Mitte Juli wagen, dabei unbedingt in Gruppen gehen und auf die Wettermeldungen achten.

HERRLICHE WANDERUNGEN

- Eine ca. zweistündige Wanderung führt zur berühmtesten Felskanzel Norwegens, dem **Prekestolen** › S. 99. Aus 600 m Höhe blickt man auf das unergründlich blaue und grüne Wasser des Lysefjords.
- Der **Kjeragbolten** › S. 99 ist ein großer Stein, der 1000 m über dem Lysefjord in einem Felsspalt spektakulär eingekeilt ist.
- Die Wanderung durch das **Husedalen** › S. 111 führt durch eine üppig grüne Vegetation an vier Wasserfällen vorbei bis hinauf auf die Hardangervidda.
- Eine Besteigung des **Galdhøpiggen** › S. 125, des höchsten Berges Norwegens, ist ab der Juvasshytta eine Tagestour, die man unter kundiger Führung gefahrlos unternehmen kann.
- Den **Besseggen-Grat** › S. 133 im Jotunheimen zu erklimmen ist anstrengend, doch die Aussicht auf den Gjende-See und die auch im Sommer oft noch schneebedeckten Gipfel lohnen die Mühe.

Einblick in Geologie, Tier- und Pflanzenwelt der Hardangervidda vermittelt das **Naturzentrum** in **Eidfjord** 📕 B12 (https://norsknatursenter.no, April–Okt. tgl. 10–18, Mitte Juni–Mitte Aug. 9–19 Uhr).

Die Straße 7, die Oslo mit Bergen verbindet, führt auf 70 km Länge über das Hochplateau der Hardangervidda, von dem die Hälfte als Nationalpark ausgewiesen ist. Karg ist es hier oben, dennoch bietet diese Landschaft bei genauerem Hinsehen eine reiche Fauna und Flora. Nicht selten begegnet man Rentieren, und in den Lemming-Jahren ist das Gebiet ein Paradies für Greifvögel – und Vogelkundler.

Am Westrand der Hardangervidda stürzt Norwegens bekanntester Wasserfall, der **Vøringfossen,** ganz in der Nähe der Straße sehr fotogen mehr als 180 m in die Tiefe.

UNTERKÜNFTE

Halne Fjellstova €€
Stilvolle Zimmer und nette Hütten; das Restaurant wird seit über 30 Jahren vom französischen Chefkoch geleitet. › mehr S. 14 Punkt ⑬
- 5785 Vøringsfossen
  Tel. 53 66 57 12 | www.halne.no
  Ostern–Anfang Okt.

Finsehytta €
DNT-Berghütte. Es gibt Doppelzimmer und Schlafsäle, Restaurant und Proviantverkauf.
- 5719 Finse
  Tel. 56 52 67 32
  http://finsehytta.dnt.no
  Mitte März–Anfang Mai, Ende Juni/Anfang Juli–Mitte Sept.

NUMEDALEN ▮ C12

Das Numedalen erstreckt sich von Kongsberg › S. 87 über 150 km in nordwestlicher Richtung bis nach Geilo. Die uralte Kulturlandschaft mit ihren Wiesen und Wäldern und dem Fluss Numedalslågen ist ein Stück Norwegen wie aus dem Bilderbuch. Durch das Tal verläuft eine abwechslungsreiche Fahrradroute (Infos unter www.numedals ruta.no), und der Numedalslågen bietet gute Möglichkeiten zum Rafting und Kanufahren.

GEILO **3** ▮ B12
UND DAGALI **4** ▮ C12

Das Dorf **Geilo** (2600 Einw.) liegt 800 m hoch und setzt voll auf den Tourismus: Im Sommer kommen Wanderer, Mountainbiker und Aktivurlauber, im Winter sind die Berghänge alpiner Tummelplatz zwischen Oslo und Bergen. Sogar der eine oder andere Weltcup-Slalom findet hier statt – für den Abfahrtslauf sind die Pisten zu kurz.

Auf jeden Fall lohnt sich die Fahrt mit der **Geilo Taubane** (Seilbahn) zum höchsten Gipfel der Region. Neben der Aussicht finden Aktivurlauber markierte Wanderwege und Mountainbike-Trails vor, dies alles vor großartiger Kulisse, denn die beiden Nationalparks Hardangervidda und Hallingskarvet liegen direkt vor der Haustür.

Die Gegend um **Dagali**, ein paar Kilometer südlich von Geilo, ist für Angler, Jäger und Raftingfans ein Paradies. Almhütten, ein Mühlenhaus und Stallungen hat man hier

zu einem typischen Dagali-Hof als spannendes **Freilichtmuseum** zusammengestellt (Dagali Museum, Bygdevegen 76, 3580 Geilo, www. hallingdal-museum.no, Juli–Mitte Aug. Di–So 13–18 Uhr).

INFO
Geilo Turistinformasjon
- Vesleslåttvegen 13 | 3580 Geilo
  Tel. 32 09 59 00 | www.geilo.no

UNTERKÜNFTE
Dr. Holms Hotel €€–€€€
Weißer Holzpalast von Anfang des 20. Jhs. Luxuriös, ganzjährig geöffnet, große Spa-Abteilung.
- Timrehaugvegen 2 | 3580 Geilo
  Tel. 32 09 57 00 | www.drholms.no

Geilo Vandrerhjem €–€€
Zwei gut ausgestattete Häuser mit Familienzimmern, außerdem Apartments und Hütten.
- Lienvegen 139 | 3580 Geilo
  Tel. 32 08 70 60 | http://oenturist.no

STABKIRCHE
UVDAL **5** ⭐ ▮ C12

Warum Stabkirchen selbst für Architektur und Kunstlaien interessant sind, lässt sich kurz hinter Rødberg feststellen. In schöner Lage hoch über dem Numedalen an der Straße 40 wirkt die kleine Kirche von außen schmucklos, doch ihr Innenraum ist wegen seiner reichen Rosenmalerei aus dem 18. Jh. wirklich bemerkenswert. Der Bau wurde Ende des 12. Jhs. begonnen, aber erst 1819 wurde die Sakristei am Nordende angebaut; dazwischen erfolgten Um- und Ausbauten in diversen

Im Nationalpark Jotunheimen

Stilen. Der zweischiffige Kern mit dem Mittelmast blieb dabei erhalten (Tel. 90 93 81 98, www.stavechurch.com, Juni–Aug. tgl. 10–18 Uhr, Führungen nach Vereinbarung).

HOTEL

Rødberg Hotell €€
Komfortabel und mit gutem Service, Restaurant und Pub im Haus.
- 3630 Rødberg
  Tel. 32 74 16 40
  www.rodberg.no

VALDRESDALEN 🏛 C11

Um Holz, Handwerk und Kunsthandwerk dreht sich seit jeher vieles in **Fagernes** 6 🏛 C11, dem Hauptort des Valdresdalen. Die waldreiche Umgebung und die nahen Gebirge prägen den Ort.

Hier zeigt das **Valdres Folkemuseum** rund 90 historische Holzhäu-ser der Region, außerdem die größte Trachtenausstellung Norwegens (Tyinvegen 27, www.valdresmusea.no, Mo–Fr 10–15, Juli tgl. bis 17, Juni, Aug. bis 16 Uhr). Im Sommer gibt es außerdem Volkstanzvorführungen sowie Handwerker bei der Arbeit zu sehen.

Von den 28 Stabkirchen in Norwegen stehen allein sechs im Valdresdalen, mehr als in irgendeiner anderen Region des Landes. Informationen über die **Stabkirchen** von Øye, Høre, Lomen, Hegge, Reinli und Hedalen bekommen Besucher im Touristenbüro in Fagernes und auf unten stehender Internetseite.

INFO

Valdres Turistkontor
- Jernbanevegen 7
  2901 Fagernes
  Tel. 61 35 94 10
  www.valdres.com

JOTUNHEIMEN ⭐ 🔖 C11

Jotunheimen, das »Reich der Riesen«, grenzt im Osten an das Sjodalen, im Süden an Bygdin/Tyin und erstreckt sich im Westen bis an den Sognefjord. Mehr als 200 Zweitausender, darunter die höchsten Gipfel des Landes, **Galdhøpiggen** mit 2469 m und **Glittertind** mit 2452 m, sowie jede Menge Gletscher sind selbst in Norwegen Rekord. Bergfexe mit Seil und Klettergurt zieht es nach Hurrungane im Westen und zu den Gipfeln zwischen Bygdin und Gjende im Osten. Weite Teile dieser rauen alpinen Bergwelt (insgesamt 1145 km²) sind seit 1980 als Nationalpark ausgewiesen.

Wer als Freizeitwanderer einen passenden Einstieg sucht, hat die Wahl: Am originellsten ist die Fahrt mit dem Traditionsdampfer **M/B Bitihorn** › S. 128, der auf ca. 1000 m Höhe von Bygdin (Straße 51) über den gleichnamigen See nach Eidsbugarden tuckert – von dort geht's entweder in etwa 10 Stunden Fußweg zurück oder nach einer Übernachtung in der Berghütte weiter ins Gebirge hinein. Auch auf dem lang gestreckten **Gjende-See** verkehrt im Sommer mehrmals täglich ein Boot und bringt Wanderer von Gjendesheim nach Memurubu.

Andere wollen zum **Besseggen-Grat,** den schon der sagenhafte Peer Gynt in den höchsten Tönen gelobt hat. Der schweißtreibende Aufstieg ist lang und steil, doch belohnt der Blick auf zwei völlig unterschiedliche Seen, den grünen Gjende-See sowie den fast schwarzen Bessvatn

aus der Vogelperspektive; und als Dreingabe gibt es noch das Panorama unzähliger Jotunheimen-Gipfel.

UNTERKÜNFTE

Über die Sognefjell-Passstraße 55 erreicht man auf Stichstraßen u. a. die Hütten **Leirvassbu** (Tel. 61 21 12 10, www. ton.no, April, Mitte Juni–Mitte Sept.) und **Juvasshytta** (Tel. 61 21 15 50, www. juvass hytta.no, Mitte Mai–1. Oktoberwoche). Beide sind ideale Startpunkte, um die höchsten Gipfel des Jotunheimen in Tagesmärschen zu bezwingen.

BEITOSTØLEN 7 🔖 C11

Wegen der Lage am Südostrand des Jotunheimen und der vielen Übernachtungsmöglichkeiten hat sich der Gebirgsort Beitostølen an der Baumgrenze auf 900 m zu einem beliebten Ganzjahresziel entwickelt.

Die Hütten liegen weit verstreut um das Ortszentrum an der Panoramastraße 51. Wanderwege beginnen direkt im Ort, im Winter erschließen mehrere Skilifte familienfreundliche Pisten. Ein Loipengebiet der Extraklasse reicht bis ins Hochgebirge.

Im Sommer führt die Panoramastraße 51 von Beitostølen über die grandiose Hochebene **Valdresflya** (1389 m) mitten durch das Jotunheimen, vorbei an den Seen Bygdin und Gjende. Im Winter ist die Straße gesperrt.

INFO

Beitostølen Turistinformasjon
• Bygdinvegen 3780
  2953 Beitostølen
  Tel. 61 35 94 20
  www.valdres.com

HOTEL
Bergo og Beitostølen Hotell €€
Primär ein Sporthotel mit viel Holz.
Restaurant, Bar, Sauna, Solarium, wenige
Meter bis zum Skilift.
• Bygdinveien 3782 | 3782 Beitostølen
  Tel. 61 35 10 00
  www.beitostolen.com

CAMPING
Beitostølen Hytter & Camping €–€€
Stellplätze für Zelte und Wohnwagen, Ver-
mietung von Hütten verschiedener Größe.
• Finntøppvegen 2 | 2953 Beitostølen
  Tel. 61 34 11 00 | www.beitocamp.no

LOM 🔲8 🔖 C10/11
Dunkle Holzhäuser kennzeichnen
den Gebirgsort am Nordrand des
Jotunheimen mit der großen, reich
verzierten dreischiffigen **Stabkirche** ⭐ aus dem 12. Jh., die trotz
mehrmaliger Umbauten zu den
schönsten des Landes zählt (im
Sommer tgl. 9–19, sonst meist 10 bis
16 Uhr).

┌─ 💬 **STABKIRCHE URNES**

Von der Straße 55 aus bietet
sich ein Abstecher an zu einer
besonderen Stabkirche, die am
Ostufer des Lustrafjords (Seitenarm des Sognefjords) liegt:
Die Stabkirche Urnes 🔲9 ⭐
🔖 B11 ist die älteste Norwegens
(12. Jh.) und zählt zum UNESCO-
Weltkulturerbe. Eindrucksvolle,
filigrane Schnitzereien zieren
das Portal und die Eckpfeiler.
(www.stavechurch.com, Mai bis
Sept. tgl. 10.30–17.45 Uhr)

Das **Norsk Fjellmuseum** führt
u. a. die Einflüsse des Menschen auf
die Natur vor Augen, z. B. durch die
Nutzung der Gebirge als Erholungs-
raum (www.norskfjellsenter.no, Mitte Mai–Mitte Sept. 9/10–16/17, im
Hochsommer bis 19 Uhr).

HOTEL
Fossberg Hotell €€
Hotel und Hüttensiedlung im Zentrum von
Lom; u. a. Schwimmbad, Sauna, Solarium.
Gutes Hotelrestaurant.
• Bergomsvegen 40 | 2686 Lom
  Tel. 61 21 22 50 | www.fossberg.no

SHOPPING
Fossheim Steinsenter
Große Mineralienausstellung und Verkauf
von Schmuck und Mineralien. › **mehr S. 17
Punkt ㉞**
• 2686 Lom | Tel. 61 21 14 60
  http://fossheimsteinsenter.no
  Mai–Sept. tgl. 10–16, Juni–Mitte Aug.
  bis 18 Uhr

SOGNEFJELL 🔖 B11–C10/11
Der Sognefjellvegen (Straße 55) ist
mit 1434 m die höchste Passstraße
Norwegens. Die Nationale Touris-
tenstraße ist von Juni bis Oktober
geöffnet und verbindet den Sognefjord mit Lom. Unterwegs ist das
Panorama überwältigend – selbst
im Sommer sind noch viele Berge
mit Schnee bedeckt. Wer diesen Anblick nicht nur von einer der Halte-
buchten aus dem Autofenster genießen möchte, kann sich auch im
Sommer in der **Sognefjellshytta**
(2687 Bøverdalen, Tel. 61 21 29 34,
www.sognefjellet.no) Langlaufskier
ausleihen und auf die Loipe gehen.

MJØSA-SEE  D12

Der größte Binnensee Norwegens war früher eine der wichtigsten Lebensadern in den Provinzen Hedmark und Oppland. Im Sommer verkehrten Schiffe auf ihm, im Winter fuhren Pferdeschlitten über das Eis. Heute durchzieht den Süden Norwegens ein dichtes Straßennetz, weshalb der 120 km lange Mjøsa-See seine Bedeutung als Transportweg verloren hat.

Für Touristen fährt im Sommer noch der Skibladner, der älteste in Betrieb befindliche Raddampfer der Welt, mit rund 25 km/h gemächlich über den Mjøsa-See. Während das Schiff mit maximal 230 Passagieren an Wiesen und bewaldeten Hängen vorbeigleitet, können an Bord nach alter Tradition Lachs sowie frische Erdbeeren verspeist werden.

VERKEHR
• Der Raddampfer **Skibladner** legt von Ende Juni bis Mitte Aug tgl. außer Mo ab. Angelaufen werden die Orte Eidsvoll, Hamar, Gjøvik und Lillehammer. Die bei Touristen beliebten Fahrten müssen lange im Voraus gebucht werden! Tel. 61 14 40 80 www.skibladner.no

EIDSVOLL 10 D12
Berühmt gemacht hat den Ort das Haus des Werkbesitzers Carsten Anker, das als **Eidsvollbygningen** in die Geschichte einging. 1814 fand hier jene bedeutende Reichsversammlung statt, deren Höhepunkt am 17. Mai die Verkündung der ersten norwegischen Verfassung war

(Eidsvoll Verk, Carsten Ankers vei, Tel. 63 92 22 10, www.eidsvoll1814. no, Mai–Aug. tgl. 10–17, sonst Di bis Fr 10–15, Sa, So 11–16 Uhr).

Eidsvoll ist auch eine Anlegestelle des Raddampfers Skibladner.

UNTERKUNFT
Veset gård €€
Auf dem alteingesessenen Hof südlich von Eidsvoll wohnt man ruhig in einem historischen Ambiente.
• Vesetalléen 20 | 2160 Vormsund Tel. 63 90 43 33 www.vesetgard.no

HAMAR 11 D12
Auch Hamar (31 500 Einw.) profitierte vor der Reformation als kirchliches Zentrum mit Bischofssitz und Kloster jahrhundertelang von der Lage am Mjøsa-See und dem Verkehr zwischen Oslo und Trondheim.

Stabkirche Urnes

Zwischen 1569 und 1849 existierte der Ort gar nicht, woran ein von den Schweden gelegtes Feuer schuld war. Das neue Hamar wuchs nach 1850 kräftig und wurde wieder Knotenpunkt für Handel und Verkehr.

Mit den Winterspielen von 1994 wurde die Stadt das Mekka des Eisschnelllaufs. Was liebevoll »Wikingerschiff von Hamar« genannt wird, ist eine bautechnisch sehr gelungene **Sporthalle,** die als eine der schnellsten Eislaufhallen der Welt gilt und von außen einem riesigen, kieloben liegenden Wikingerschiff gleicht.

Sehenswert sind auch das **Norwegische Eisenbahnmuseum** und die Glaskonstruktion Hamardom über der alten Domkirchenruine. Sie bietet einen besonderen Rahmen für Konzerte und gehört zum am Seeufer gelegenen **Hedmarkmuseum** (Strandvegen 100, www. domkirkeodden.no, Mitte Mai bis Mitte Juni Di–So 11–17, Mitte Juni bis Mitte Aug. tgl. 10–17 Uhr).

INFO

Hamarregionen Turistkontor
• Grønnegata 52
  2317 Hamar
  Tel. 40 03 60 36
  www.visit-hedmark.no/hamarregionen

UNTERKUNFT

Vikingskipet Motell og Vandrerhjem €–€€
Skandinavisch schlicht und gemütlich, nur Gästeküche. 2 km außerhalb.
• Åkersvikvegen 24 | 2321 Hamar
  Tel. 62 52 60 60
  http://vikingskipet.no

RESTAURANT

Restaurant Hamarstua €€€
Schön im Park des Hedmarkmuseums gelegen.
• Strandvegen 100 | 2315 Hamar
  Tel. 62 52 34 62 | http://hamarstua.no
  Mo geschl.

GUDBRANDS-DALEN C10–11

Seit der Sagazeit ist das Gudbrandsdalen die Hauptverkehrsader nach Norden. Jahrhundertelang pilgerten Gläubige auf dem Weg nach Trondheim durch das Tal, längst rollen Autos und Züge hindurch.

Nördlich von Lillehammer beginnt das »Tal der Täler« und zieht sich leicht ansteigend bis nach Dombås > S. 140. Mal ist es so weitläufig, dass Platz für Ackerbau und Viehzucht bleibt, dann wieder so eng, dass sich selbst die E6 hin-

---

💬 **FREILICHTMUSEUM MAIHAUGEN** `12` ⭐ `8` 📕 D11

Das außerhalb vom Zentrum Lillehammers gelegene Freilichtmuseum mit über 150 alten Häusern zählt zu den Hauptattraktionen einer Norwegenreise. Ein Zahnarzt brachte seine Sammlungen 1904 auf das heutige Gelände, wo nun bäuerliche Kultur und Architektur im Gudbrandsdalen hervorragend veranschaulicht werden (Maihaugvegen 1, www.maihaugen.no, Juni–Aug. tgl. 10–17, sonst Di–So 11–16 Uhr, 135/175 NOK, Kinder 6–15 Jahre 65/85 NOK).

Traditionelle Hütte mit Grasdach im Gudbrandsdalen

durchzwängen muss. Wem es im Tal zu eng wird, der findet genügend Wege auf die angrenzenden Hochebenen, die ein Paradies für Wanderer und Skilangläufer bilden.

LILLEHAMMER 13 ▯ D11

Die Stadtmitte besteht vor allem aus der Fußgängerzone Storgata. Auch nach den Olympischen Winterspielen, die die Stadt (28 500 Einw.) am Nordrand des Mjøsa-Sees 1994 mit großem Aufwand und Bravour ausrichtete, hat sich daran nichts geändert – lediglich die Skisprunganlage Lysgård mit dem amphitheaterförmigen Stadion am Osthang von Lillehammer ist jetzt ein zweiter guter Orientierungspunkt. Wanderfreunde erkunden die bewaldeten Mittelgebirge und genießen den Blick hinunter zum See.

Als ehemalige Olympiastadt besitzt Lillehammer natürlich auch ein **Olympisches Museum,** das 2016 nach der Umsiedlung ins Freilichtmuseum Maihaugen ›› S. 136 neu eröffnet wurde.

Werke norwegischer und internationaler Künstler zeigt das **Kunstmuseum** in einem architektonisch gelungenen Neubau im Zentrum (Stortorget 2, www.lillehammerart museum.com, Di–So 11–16 Uhr).

INFO

Turistkontor Lillehammer
• Jernbanetorget 2 | 2609 Lillehammer
 Tel. 61 28 98 00
 www.lillehammer.com

UNTERKÜNFTE

Birkebeineren
Hotel & Apartments €€
Hotelzimmer und Wohnungen, ruhig im Grünen gelegen.
• Birkebeinervegen 24
 2618 Lillehammer | Tel. 61 05 00 80
 www.birkebeineren.no

First Hotel Breiseth €€
Eines der ältesten Hotels der Stadt, klassische Einrichtung, zentral gelegen.
• Jernbanegaten 1–5 | 2609 Lillehammer
 Tel. 61 24 77 77
 www.firsthotels.com

RESTAURANT

Lillehammer Bryggerie €€

Restaurant und Bar; hier bekommt man hervorragende Steaks.

- Elvegata 19 | 2609 Lillehammer
  Tel. 95 01 91 08
  www.lillehammermikrobryggeri.no
  So–Di geschl.

NIGHTLIFE

Nikkers €€

In dieser Kneipe sitzt man wie in einem großen Wohnzimmer oder draußen auf der Terrasse am Fluss.

- Elvegata 18 | 2609 Lillehammer
  Tel. 61 24 74 30 | www.nikkers.no

OTTA 14 🔖 C11

Der Verkehrsknotenpunkt Otta im nördlichen Gudbrandsdalen an der E 6 ist ein guter Ausgangspunkt für Unternehmungen im Nationalpark Rondane › S. 139. Die Stichstraße nach Mysuseter zweigt direkt am Ort von der E 6 ab, die Stichstraße nach Høvringen einige Kilometer nördlich und die nach Rondablikk weiter

südlich. Ein geologisches Phänomen, das es sonst nirgendwo in Norwegen zu sehen gibt, sind die **Erdpyramiden** *(Kvitskriuprestein)* in der Nähe der alten Straße nach Mysuseter. Wer sie sehen möchte, muss den Schildern folgen.

UNTERKÜNFTE

Dalseter Høyfjellshotell €€–€€€

In einem Seitental des Gudbrandsdalen gelegenes familienfreundliches Hotel, schöner Ausblick.

- 2658 Espedalen | Tel. 61 29 99 10
  www.dalseter.no

Sjoa Vandrerhjem €€

Etwa 15 km südlich von Otta am Fluss Sjoa gelegene Herberge mit Raftingzentrum.
› mehr S. 12 Punkt ❷

- Sjoa | 2670 Otta | Tel. 61 23 62 00
  www.hihostels.no

Elgtårnet €–€€

Ungewöhnlich ist der im Espedalen an einem viel von Elchen begangenen Weg gelegene 12 m hohe »Elchturm« mit

---

💬 DAS BIRKEBEINER-RENNEN

Kein Volksskirennen hat eine derartige Aussicht anzubieten: das Rondane-Gebirge im Norden und im Westen das Jotunheimen-Gebirge. Die beiden Krieger Skjervald und Torstein von der Bürgerkriegspartei der Birkebeiner hatten für diese grandiose Natur wohl kaum Augen, als sie im Jahr 1206 den Königssohn Håkon Håkonsson, der damals noch ein Wickelkind war, auf diesem Weg vor den feindlichen Baglern retteten.

Wie wäre es mit einem 72 km langen Skilanglaufwettbewerb, dessen höchster Punkt auf 1090 m liegt und an dem rund 7000 trainierte Läufer teilnehmen, alle noch dazu mit einem mind. 3,5 kg schweren Gepäckstück auf dem Rücken? Das Birkebeiner-Rennen findet alljährlich im März statt, gestartet wird abwechselnd in Lillehammer › S. 137 und bei Rena 🔖 D11. Auskünfte unter www.birkebeiner.no oder im Touristenbüro in Lillehammer.

Der Rondane-Nationalpark ist eine rund 960 km² große Gebirgsregion

Schlafplätzen für bis zu 6 Personen. Von hier aus kann man die Könige der Wälder ungestört beobachten. Schlafsäcke und Lebensmittel sind mitzubringen.

• Espedalsvegen 2346 | 2658 Espedalen
Tel. 90 83 77 73
www.elgtarn.no
Buchung über das Dalseter Høyfjells-hotell > S. 138

RONDANE-GEBIRGE 📖 C10

Das Rondane-Gebirge, 1962 zum ersten Nationalpark des Landes erklärt, fasziniert durch seine fast unwirklich anmutenden Formen und die ungewöhnliche karge Vegetation – die zehn über 2000 m hohen Gipfel (höchster Berg ist Rondslottet mit 2178 m) wirken wie Kuppen und sind relativ leicht zu erwandern. Das Rondane-Gebirge lässt sich per Auto und Bahn hervorragend über das Gudbrandsdalen erreichen: In nur 20 Min. Fahrzeit ist

man von Otta aus z. B. in **Mysuseter** und Høvringen, beides ausgezeichnete Startpunkte für Wanderungen in den Park.

Die beliebtesten Routen führen von Mysuseter über Spranget nach Rondvassbu und von Høvringen zur Peer-Gynt-Hütte (Tel. 93 46 16 25, www.peergynthytta.no). Von Osten her erobert man Rondane am besten ab Atnbrua oder Straumbu. Eine beliebte Fernwanderung von etwa sieben Tagen führt von Rondvassbu auf markierten Wegen bis nach Lillehammer.

HOTEL

Rondane Spa Høyfjellshotell €€
Hotel in Mysuseter, östlich von Otta am Rande des Rondane-Nationalparks. 50 Zimmer, 10 komfortable Hütten, Pool und Spa-Bereich.

• Mysuseter | 2675 Otta
Tel. 61 20 90 90
www.rondane.no

Aussichtspunkt auf dem Berg Snøhetta im Nationalpark Dovrefjell-Sunndalsfjella

DOVREFJELL 📖 C10

Am Dovrefjell endet die südliche Hälfte Norwegens. Dieses lang gestreckte Gebirgsplateau war früher ein Nadelöhr auf dem Weg nach Norden: Schon vor 1000 Jahren zogen der Wikingerkönig Harald Hårfagre und König Olav II. mit Gefolge auf dem *Kongevegen* (Königsweg) über das Dovrefjell, was nicht ungefährlich war, da die enge Schlucht des Flusses Gaula auf schmalen Wegen überwunden werden musste.

Heute lohnt vor allem die **Kongsvold Fjellstue** mit einem Gebirgsgarten, Museum und Aktivangeboten einen Stopp.

Von ihr kann man zu einer Wanderung zum Berg **Snøhetta** ⭐ (2286 m) aufbrechen, bei Sonne und Schnee ein tolles Erlebnis mit dem Blick von »Norwegens Dach« als wahrhaft krönenden Abschluss.

Vielleicht sieht man sogar einige der seltenen Moschusochsen ▸ S. 51.

Die rund 300 Tiere fühlen sich in dem 2002 auf 1693 km² erweiterten Nationalpark Dovrefjell-Sunndalsfjella trotz oder gerade wegen des rauen Klimas erstaunlich wohl. Sie schätzen die Ruhe, denn ins Dovrefjell zieht es wegen des relativ dünnen Wegenetzes und der wenigen Hütten viel weniger Wanderer als etwa ins Jotunheimen oder Rondane-Gebirge.

UNTERKUNFT

Kongsvold Fjellstue €€€
Uriger, traditionsreicher Gebirgsgasthof mit Gaststätte und Restaurant.
• Dovrefjell | 7340 Oppdal
  Tel. 90 08 48 02 | www.kongsvold.no

DOMBÅS 15 📖 C10

Dombås ist auf den ersten Blick nur ein Wegekreuz mit viel Verkehr, Tankstellen, Supermärkten und Cafeterias. Doch weil der Ort zwischen den waldreichen Mittelgebirgen im Süden und Osten, dem mächtigen

Gebirgsmassiv Reinheimen im Westen und dem Dovrefjell im Norden liegt, nutzen Wanderer, Kletterer, Mountainbiker und andere Aktivsportler Dombås gern als Ausgangsort für ihre Unternehmungen und bleiben eine Weile.

INFO

Dombås Turistinformasjon og Dombås nasjonalparksenter
Im Einkaufszentrum Frichgården an der Hauptstraße.
● 2660 Dombås | Tel. 61 24 14 44
  www.nasjonalparkriket.no

HOTEL

Dombås Hotell €€–€€€
Ein Holzhotel, weithin sichtbar im sich hier weit öffnenden Gudbrandsdalen. Nette Zimmer sowie ein gutes Restaurant. Etwas preisgünstiger sind die Motelzimmer.
● Dombaasgrendi 1 | 2660 Dombås
  Tel. 61 24 10 01 | http://dombas-hotell.no

ØSTERDALEN 🗺 D10–11

Das Østerdalen entlang des Flusses Glomma von Elverum bis Røros ⟩ S. 142 ist Heimat u. a. von Elchen und Wölfen. Birken- und Tannenwälder, Wiesen und Dörfer säumen Flüsse und Seen. Hier herrscht echtes Binnenlandklima: eisig kalt im Winter, stabil im Sommer.

Die Ostnorweger lassen es ruhig angehen – Jagd und Sportfischen sind ihre Lieblingsbeschäftigungen. Alles ist ein wenig beschaulicher als im Westen, nur der Verkehr rollt dichter. Dennoch ist gerade hier das Auto oft überflüssig – Radfahren ist keine schweißtreibende Angelegen-

heit, Wanderungen oder Kanutouren lassen sich überall gut einbauen.

Hinter Elverum beginnen die »ewig singenden Wälder«. Eher als Trygve Gulbranssens klassischer Schmöker gehören Wanderschuhe und Mückennetz ins Gepäck. Die Glomma fließt mit großer Geschwindigkeit gen Süden – sonst hat man hier, so scheint es, viel Zeit. Das Tal verführt dazu, nur mit dem Zelt in die Natur abzutauchen.

Im Winter ist das Østerdalen ein herrliches Skigebiet für Langläufer. Alpin laufen kann man am besten in **Trysil**, denn an den drei Hängen des Trysilfjellet gibt es 30 Lifte und rund 70 km Pisten, die von Ende Okt. bis in den Mai hinein schneesicher sind.

INFO

Trysil Turistinformasjon
● Hotellvegen 1 | 2420 Trysil
  Tel. 62 45 10 00
  www.skistar.com | www.trysil.com

FEMUND-SEE 🗺 D10

Den Femund-See titulierte der norwegische Dichter Johan Falkberget einmal sehr bildhaft als »Norwegens Morgenland«. Hier sind Autos überflüssig, spätestens ab Femundsvika an der Südspitze oder ab Sorken am Ostufer geht es mit dem Kanu, zu Fuß oder per Ausflugsdampfer viel schöner weiter.

Der von Süd nach Nord lang gestreckte See und der 390 km² große Nationalpark **Femundmarka** nordöstlich davon bieten unberührte Eiszeitlandschaft mit alten Kiefern. Das Geheimnis dieser Gegend: kein dichtes Unterholz und deshalb weite Blicke, kalte Seen und Flüsse voller Fische, schließlich Berge, die sich gen Himmel recken – und Myriaden von Mücken.

VERKEHR
- **Schiff:** Im Sommer verkehrt die M/S Fæmund II auf dem See zwischen Elgå–Jonasvollen–Femundshytta–Synnervika.

UNTERKUNFT
Femund Fjellstue €–€€
Hotel mit Campingplatz und Hütten.
- 2446 Elgå | Tel. 62 45 95 41
  www.femundfjellstue.no

RØROS 16 9 ■ D10
Bei der alten Kupferstadt treffen die Straße aus dem Østerdalen und der Kopperveien vom Femund-See (ca. 30 km entfernt) zusammen. Der Ort ganz in Holz lädt zur gemütlichen Besichtigung ein – einziges Steingebäude in der Altstadt ist die Kirche **Bergstadens Ziir** von 1784.

Westlich des Flusses wohnten in der Bergmannsgate die feineren Leute, die Kumpels mussten mit der Ostseite unterhalb der Schlackenberge zufrieden sein. Die windschiefen Häuser im Sleggveien sind besonders sehenswert. Nur knapp 6000 Menschen leben in dem Ort zwischen stillgelegten Kupfergruben und den Bergen aus Schlacke.

In Røros werden in den Wintermonaten die niedrigsten Temperaturen ganz Norwegens gemessen. Die Arbeitsplätze sind schwer zu halten. Dennoch: Die Altstadt steht auf der UNESCO-Liste der zu bewahrenden Kulturdenkmäler, und Røros, 628 m über dem Meer ge-

legen, gilt als die einzige »Hochgebirgsstadt« Norwegens. Entsprechend vielfältig ist das Angebot an Aktivitäten sowohl in den Sommer- als auch Wintermonaten: Radtouren, Ausritte, Hundeschlittenfahrten, Lang- und Abfahrtskilauf im Umkreis u. v. m.

Die längst geschlossene **Schmelzhütte** *(Smelthytta)* am Malmplassen mitten in der Stadt beherbergt heute ein Museum, das die Geschichte des Kupferbergbaus und die der Stadt Røros erzählt. 13 km östlich der Stadt befindet sich die **Olavsgrube,** in der bis 1973 Kupfer abgebaut wurde. Im Sommer werden Führungen in der Grube angeboten (beide www.rorosmuseet.no).

INFO
Destinasjon Røros
- Peder Hiortsgate 2 | 7374 Røros
  Tel. 72 41 00 00
  www.roros.no

HOTEL
ErzscheiderGården €€
Gelungene Kombination aus antiken Möbeln, historischen Bergwerksutensilien, uralten Holzwänden und modernem Komfort. 24 Zimmer, alle mit eigenem Flair.
- Spell-Olaveien 6 | 7374 Røros
  Tel. 72 41 11 94
  www.erzscheidergaarden.no

SHOPPING
Potteriet Røros
Nach Mustern aus dem 18./19. Jh. wird hier landestypische Keramik gefertigt, bei deren Herstellung man auch zuschauen kann.
- Fargarveien 4 | 7374 Røros
  Tel. 72 41 17 10 | www.potteriet-roros.no

UNTER DEM POLARKREIS

Mit 370 km² ist der Svartisen nach dem Jostedalsbreen der zweitgrößte Gletscher Norwegens

Jenseits von Trondheim wird die Besiedlung spärlicher und die Natur imposanter. Den landschaftlichen Höhepunkt bilden die Lofoten mit ihren Bergriesen, doch auch die Küste Helgelands ist unbedingt einen Besuch wert.

Trondheim ist das Tor zum Norden; nördlich der drittgrößten Stadt Norwegens wird das Land plötzlich sehr schmal und streckt sich in die Länge. Gleichzeitig wird die Besiedlung immer dünner, der Abstand zwischen den Orten immer größer.

Wärmender Golfstrom und eisige Gletscher, Felsformationen, die sich kaum beschreiben lassen, ein regelrechter Schärengarten mit vielen Inseln, Sandstrände, blühende Wiesen, Wanderungen und Hochseeangeln, eine wahre Fundgrube für Historiker und Ornithologen – all das ist Urlaub am Polarkreis!

Dass die Lofoten atemberaubend schön sind, hat sich herumgesprochen, doch die Küste Helgelands ist kaum weniger spektakulär – nur ist sie lange noch nicht so bekannt.

Norge på langs, Norwegen der Länge nach, kann auch eine Falle sein, denn viel zu oft wird die Landschaft auf der Durchreise nicht gewürdigt. Doch die E 6 und E 10 führen durch Regionen, die entdeckt werden sollten.

TOUREN IN DER REGION

TOUR 12

AUF DEM RIKSVEI 17

ROUTE: Grong > Brønnøysund > Sandnessjøen > Bodø

KARTE: Seite 146
DAUER: mind. 4 Tage
PRAKTISCHE HINWEISE:
• Die Straßen sind überwiegend eng und kurvig, zudem gibt es unterwegs rund ein halbes Dutzend

Fähren, die Zeit und Geld kosten. Von Grong bis Bodø kommen so – ohne Umwege – knapp 650 km zusammen. Dafür sollte man mindestens vier Tage einplanen, sonst kommt man bei dieser Tour kaum aus dem Auto. Wer nicht den ganzen Riksvei 17 fahren möchte, kann an mehreren Stellen auf die E 6 hinüberwechseln und damit Zeit sparen.
• Ausführliche Infos zu Übernachtungsmöglichkeiten, Restaurants, Fährverbindungen und Unternehmungen findet man unter www.visitnorway.no.

TOUR-START:

Bei **Grong** `3` › S. 151 heißt es, von der E 6 abzubiegen und der kleinen Straße am Fluss Namsen entlang zu folgen, die dann bald auf den Riksvei 17 trifft. Die nun folgenden rund 600 km bis nach Bodø gehören zu den schönsten, die Norwegen zu bieten hat. Anfangs geht es noch durchs Landesinnere, doch später verläuft der RV 17 überwiegend in der Nähe der zerklüfteten Küste. Bei **Brønnøysund** `5` › S. 152 ist schon aus der Ferne der durchlöcherte Berg Torghatten zu sehen, dessen Loch man nach einem kurzen Aufstieg erreicht. Die nächste größere Stadt ist Sandnessjøen auf der Insel Alsten, die vom Bergmassiv der **Sieben Schwestern** `7` › S. 153 beherrscht wird.

Jede Insel an der Küste ist einen Besuch wert, aber nirgends gibt es so weite Sandstrände und einen so herrlichen Panoramablick wie auf Dønna, nirgendwo sonst so viele Fische wie um Herøy, nirgendwo sonst so viele Papageitaucher wie auf der vorgelagerten Insel Lovund. Und über all dem thront auf der Insel Hestmona der 568 m hohe *Hestmannen,* der Pferdemann, der sagenhafte Krieger, der selbst zu Stein wurde. Die Besteigung ist bis auf ein kurzes Stück an einem steilen Abgrund entlang recht leicht.

Die Fähre in Kilboghamn, nur wenig südlich vom Polarkreis, setzt über den Værangfjord. Wenn das Schiff am anderen Ufer festmacht, ist es vorbei mit den flachen, grünen Küstenstreifen. Diese Landschaft wird geprägt von dem mächtigen,

im Osten schimmernde Gletscher **Svartisen** `8` › S. 153 mit seinen annähernd 1600 m hohen Gipfeln. Das Teilstück von Forøy bis Glomfjord ist ideal geeignet für eine Gletscherwanderung oder für die Fahrt auf dem Holandsfjord bis zum Gletscher Engabreen, einem Teil des Svartisen. Ørnes und Grimstad (nicht zu verwechseln mit der Ibsenstadt am Skagerrak) sind idyllische Hafendörfer in einigem Abstand zum Nordland-Gebirge. Hier locken weitere Wandergebiete, Gipfelbesteigungen und Bootsfahrten.

Bodø `9` › S. 155 schließlich ist Hauptstadt der Region Nordland und Sprungbrett auf die Lofoten.

TOUR 13

LOFOTEN-PANORAMAFAHRT

ROUTE: Bodø › Moskenes › Å › Svolvaer › Melbu › Narvik

KARTE: Seite 146
DAUER: 4 Tage
PRAKTISCHE HINWEISE:

- Die Überfahrt von Bodø nach Moskenes dauert ca. 3,5 Std.; im Sommer sollte man reservieren, Infos im Touristenbüro von Bodø.
- Die Lofoten-Inseln sind alle mittlerweile über Brücken und Tunnel miteinander verbunden; die Festlandsverbindung »Lofast« wurde Ende 2007 eröffnet.

0   100 km

N

Tromsø

Gryllefjord

Senja

Andenes

Andøya

Vesterålen

Nyksund

Sortland

Harstad

Hinnøya

Narvik

Melbu

Tranøy

Svolvær

Skrova

Tysfjord

Kabelvåg

Hamarøy

Henningsvær

Steigen

Kråkmo

Borg

Lofoten

Nusfjord

Hamnøy

Moskenes

Kjerringøy

Å

Værøy

Bodø

Fauske

1914

Røst

Salt-
straumen

Sulitjelma

Saltfjell Junkerdal

EUROPÄISCHES

NORDMEER

Grimstad

Saltfjellet-
Svartisen
N.P.

Ørnes

SVARTISEN

1599

Holandfjord

Grønligrotten

Mo i Rana

Hestmannen

568

S C H W E D E N

Lovund

Polarsirkelen

Ranafjord

Helgeland

Sandnessjøen

Mosjøen

Alstahaug

Røssvatn

Siu Søstre

Tjøtta

Forvik/
Vevelstad

Vega

Lomsdal-
Visten
Nasjonal-
park

Brønnøysund

Børgefjell
Nasjonal
park

Torget

Bindalsfjord

Namdalen

Vikna

Lierne
N.P.

Grong

Namsos

Bølareinen

Snåsa-
See

Steinkjer

Verdalsøra

Trond
heims
fjord

Levanger

Stjørdal

Trondheim

TOUR-START:

Auf der Schiffspassage von **Bodø** 9 › S. 155 nach Moskenes wird die Lofoten-Wand mit ihren fast 1000 m hohen Gipfeln immer imposanter – ein Eindruck, der sich bei der Fahrt über die **Lofoten** 11 › S. 156 wegen der Nähe zu den Bergen noch verstärkt. Nach dem Landgang ist es nur ein kurzer Weg nach Å, einem Ort am Südzipfel, der wegen seiner vielen *rorbuer* (Ruderhäuser) wie ein bewohntes Freilichtmuseum wirkt. Am Aussichtspunkt Lofotodden geht es dann nicht mehr weiter, nur noch die Inseln Mosken und Værøy sind im Dunst zu erkennen.

Die Fahrt von Å über die E10 nach Norden eröffnet unglaubliche Panoramen. Am Weg liegen Dörfer wie Postkartenmotive. Der Reigen wird mit Hamnøy nördlich von Å eröffnet, geht dann weiter mit Ramberg, **Nusfjord** 12 › S. 156, Stamsund und Henningsvaer, bis die Lofoten-Hauptstadt Svolvær › S. 156 erreicht ist. Von hier gelangt man über die – übrigens mautfreie – Festlandsverbindung »Lofast« nach **Narvik** 17 › S. 160.

VERKEHRSMITTEL

- **Flüge:** Das Netz der Flughäfen zwischen Trondheim und Narvik ist sehr dicht (z. B. Andenes, Svolvær, Leknes, Mo i Rana), einer der wichtigsten Flughäfen ist Bodø. Weitere Infos gibt es bei den Fluglinien: Wideroe (www.wideroe.no), SAS Scandinavian Airlines (www.flysas.com) und Norwegian Air Shuttle (www.norwegian.no).
- **Bahn:** Dovrebahn von Oslo, tgl. dreimal über Dombås nach Trondheim; Nordlandbahn von Trondheim nach Bodø.
- **Bus:** Linienbusse fahren in praktisch alle Orte.
- **Fähren:** Hurtigruten von/nach Bergen mit Halt in Trondheim, Brønnøysund, Bodø, Stamsund, Svolvær.
  Die wichtigsten Fährverbindungen auf dem RV17: Holm–Vennesund (20 Min.), Horn–Andalsvågen (20 Min.), Forvik–Tjøtta (60 Min.), Levang–Nesna (20 Min.), Kilboghamn–Jektvik (60 Min.) und Ågskardet–Forøy (10 Min.).

INFOS

Helgeland Turistinfo
- www.visithelgeland.com

Nordland Turistinfo
- www.nordnorge.com

UNTERWEGS UNTER DEM POLARKREIS

TRONDHEIM ⭐ D9

Die breiten Straßen und die Holzbebauung machen den Charme der Stadt aus, die das Herz von Mittelnorwegen genannt wird. In Trondheim, heute mit rund 195 000 Einw. die drittgrößte Stadt des Landes, wohnten schon Mitte des 11. Jhs. nahezu 1000 Menschen. Alles drehte sich damals um Olav den Heiligen: Olav Haraldsson, der 1030 in der Schlacht bei Stiklestad fiel, wurde hier begraben. Als 1152 das erste Erzbistum eingerichtet wurde, war die Stadt bereits ein wichtiger Wallfahrtsort. Bis ins 13. Jh. war Trondheim Sitz der norwegischen Könige und damit Hauptstadt des Landes. Trondheims Stellung als geistliches Zentrum in Skandinavien war ungebrochen, bis die Reformation 1535 Norwegen erreichte.

Im Jahr 1681 wurde Trondheims Stadtzentrum von einem verheerenden Brand heimgesucht. Daraufhin bekamen zwei Militärarchitekten die Aufgabe, auf der Halbinsel an der Mündung des Nidelv-Flusses eine neue Stadt zu planen. Schon der Blick vom Marktplatz in die beiden Hauptstraßen Munkegata und Kongensgate vermittelt einen klaren Eindruck vom Baumuster: Wo sich die Straßen kreuzen, liegt buchstäblich die Stadtmitte.

Als 1877 die Eisenbahnlinie aus Christiania (heute Oslo) Trondheim erreichte, war die Stadt bereits wieder ein geistiges und wirtschaftliches Zentrum. Seit der Gründung profitiert Trondheim von seiner Lage – Transport, Handel und Technologieforschung sind heute wichtige Wirtschaftsfaktoren.

Der Blick hinunter vom populären Sonnenbadeplatz an der **Festung Kristiansten** Ⓐ > mehr S. 16

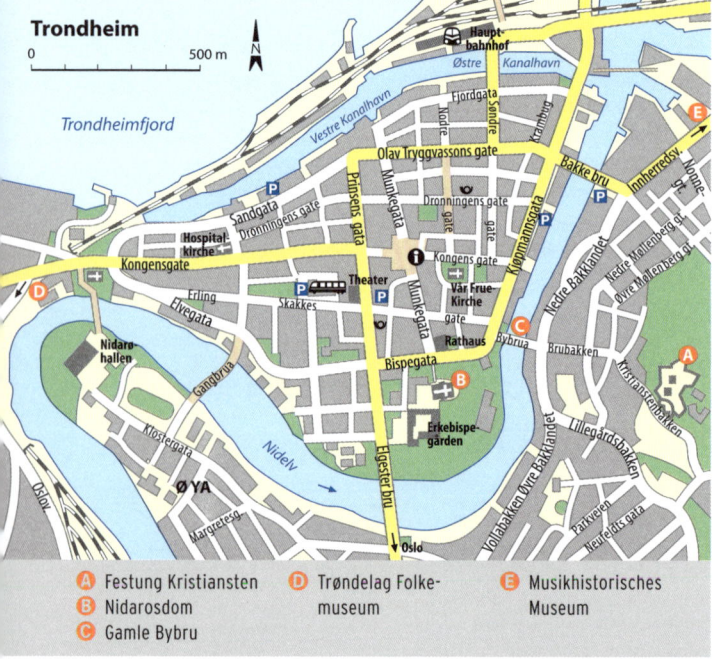

Ⓐ Festung Kristiansten
Ⓑ Nidarosdom
Ⓒ Gamle Bybru
Ⓓ Trøndelag Folke-museum
Ⓔ Musikhistorisches Museum

Der prachtvolle Nidarosdom ist Krönungsstätte der norwegischen Könige

Punkt **27** (das Gelände ist jederzeit zugänglich, der Turm Mitte Juni bis Ende Aug. von 11–15 Uhr geöffnet) oder auch ein Spaziergang durch die hübsche Nordre gate bestätigen den Eindruck, dass die Universitätsstadt Trondheim das Ergebnis einer gelungenen Stadtplanung ist. Die Burg im Westen der Stadt wurde Ende des 17. Jhs. im Barockstil erbaut und nur ein einziges Mal – erfolglos – von den Schweden belagert.

Getreu der Tradition werden Norwegens Könige im **Nidarosdom** **B** **10** zu Trondheim eingesegnet. Dieser wohl schönste gotische Bau in Nordeuropa ist für Kathedralenfans allein die weite Reise wert. Die Domkirche wurde in Etappen ab Ende des 11. Jhs. in spätromanischem und gotischem Stil errichtet. Auf den Turm kann man von Mitte Juni bis Mitte August hinaufsteigen und den weiten Ausblick genießen. Es mag reiner Zufall sein, dass der Blick vom Nidarosdom durch die Munkegata bei guter Sicht erst an der kleinen Insel Munkholmen endet. Um 1100 stand hier ein Benediktinerkloster, später war es eine Strafanstalt, heute wird hier Kaffee und Kuchen serviert.

Das Reizvolle an der Stadtmitte ist die Mischung aus Stein- und Holzhäusern, die durch das umgebende Wasser einen ganz eigenen Charakter erhält. Deshalb prägt sich der Blick von der alten Zugbrücke Gamle Bybru **C** den Nidelv-Fluss hinunter so gut ein: an den Ufern die alten Speicher, die z. T. auf Holzpfählen stehen, und auf der Ostseite das steil ansteigende einstige Arbeiterviertel **Bakklandet,** dessen Holzhäuser gelungen saniert wurden und das nun voller uriger Kneipen ist.

Um im historischen Rahmen eines Freilichtmuseums eine Pause einzulegen, bietet sich das **Trøndelag Folkemuseum** Ⓓ (http://sverresborg.no) mit dem gemütlichen Restaurant Tavern › S. 150 an, wo sich bereits im 18. Jh. eine Schankstube befand.

Lebendig wird Geschichte auch im **Musikhistorischen Museum** Ⓔ im sehr idyllisch gelegenen Herrenhof Ringve (http://ringve.no) nördlich des Stadtzentrums. Schön sind auch die Sommerkonzerte auf dem Museumsgelände – dargeboten in historischen Kostümen und mit alten Instrumenten – oder der Botanische Garten.

Die Geschichte der norwegischen und internationalen Pop- und Rockmusik präsentiert das **Rockheim** in der Brettørkaia 14 (www.rockheim.no) mit Ausstellungen, Galerie, Hall of Fame und Möglichkeiten zum Selbermusizieren.

INFO

Trondheim Turistinformasjon
- Nordre gate 11 | 7011 Trondheim
  Tel. 73 80 76 60 | www.trondheim.no

UNTERKÜNFTE

Scandic Bakklandet €€–€€€
Direkt am Fluss Nidelv gelegenes, in warmen Farben eingerichtetes modernes Hotel mit Öko-Zertifikat.
- Nedre Bakklandet 60
  7014 Trondheim | Tel. 72 90 20 00
  www.scandichotels.com

Hotel Bakeriet €€
Kleines, stilvolles Haus mit komfortablen Zimmern im Zentrum.

- Brattørgata 2 | 7010 Trondheim
  Tel. 73 99 10 00
  www.bestwestern.no

Trondheim Vandrerhjem €
Übernachtet wird in 2- oder 4-Bettzimmern. Es gibt auch Familienzimmer mit 5 Betten.
- Weidemannsvei 41 | 7043 Trondheim
  Tel. 73 87 44 50
  www.trondheimvandrerhjem.no

RESTAURANTS

Havfruen €€–€€€
Erstklassige Fischgerichte und stilvolle Atmosphäre in einem der alten Speicher. Jeden Cent wert sind die 3-, 4- oder 5-Gänge-Menüs.
- Kjøpmannsgata 7 | 7013 Trondheim
  Tel. 73 87 40 70
  www.havfruen.no
  So geschl.

Tavern €€
In den kleinen, niedrigen Räumen des historischen Lokals (1739) wird deftige norwegische Hausmannskost geboten.
- Sverresborg Allé 11 | 7020 Trondheim
  Tel. 47 51 59 00
  www.sverresborg.no

BØLAREINEN ② ⭐ 📖 D8

Das Gebiet am See Snåsavatnet (Snåsa-See) nördlich von Steinkjer muss schon früh ein exzellentes Jagdrevier gewesen sein. Auf seiner Ostseite haben Jäger vor 6000 Jahren ein Rentier in natürlicher Größe in den Fels geritzt – dieses Bølareinen ist ein faszinierendes Kunstwerk. In den 1920ern hat man beim Eisenbahnbau in der Nähe des Ren-

Bunte Holzhäuser am Vefsnfjord in Mosjøen

tiers die Abbildung eines Bären gefunden, allerdings unvollständig.
Auch der lebensgroße Skiläufer von
Bøla ist wegen Verwitterung nur
schwer zu erkennen. Die Ritzungen
liegen an der Straße 763.

NAMDALEN ■ E8

Grong 3 ■ E8 (2500 Einw.) ist v. a.
Treffpunkt der Lachsangler, denn
der Fluss Namsen ist für seine kapi-
talen Lachse bekannt – und für die
ziemlich kostspielige Angelerlaub-
nis. Beim Tømmeråsfossen mit den
Lachstreppen (rund 1 km südlich
der Bahnstation) ist das Vergnügen
billiger: Man braucht allerdings Geduld, um die Lachse beim Aufstieg
beobachten zu können.

HOTEL

Hotell Vertshuset Grong €€
29 Zimmer, 2 davon sind Minisuiten im
Turm. Auf der Speisekarte im Restaurant
steht oft frischer Lachs.
• Medjåvegen 32 | 7870 Grong

Tel. 74 31 20 00
http://gronghotell.no

Ein Abstecher in die Wildnis abseits
der E 6 führt zu den beiden relativ
neuen, großen und abwechslungsreichen **Nationalparks Blåfjella-
Skjækerfjella** und **Lierne**; wer hier
wandert, muss (fast) ohne touristi-
sche Infrastruktur auskommen.

Weiter auf der E 6 fährt man
durch das tief eingeschnittene Namdalen, wo der **Wasserfall Fiskum-
foss** einen Stopp lohnt.

MOSJØEN 4 ■ E6/7

Die moderne Industriestadt birgt
einen Schatz: die historische Straße
Sjøgata. Rund 100 Holzhäuser aus
dem 18. und 19. Jh. – bunt gestri-
chen und zum Großteil liebevoll
saniert – säumen das Ufer des
Vefsnfjord. Museum, Café und An-
tiquitätengeschäfte laden zum Bum-
meln ein, einige private Vermieter
zum Übernachten.

INFO

Mosjøen Turistinformasjon
• Sjøgata 2 | 8602 Mosjøen
  Tel. 75 01 80 00 | www.visithelgeland.com

HOTEL

Fru Haugans Hotell €€
Historisches, größeres Hotel am Wasser,
stilvoll und ruhig. Gute Fischgerichte.
• Strandgate 39 | 8656 Mosjøen
  Tel. 75 11 41 00 | www.fruhaugans.no

BRØNNØYSUND 5 📖 D7

Dass die Umgebung des Küstenstädt-
chens Brønnøysund (5000 Einw.)
am Riksvei 17 schon lange besiedelt
ist, belegen Funde aus der Steinzeit.

Vom Ort gelangt man gut auf die
südlich vorgelagerte Insel Torget
und mitten in die Sagenwelt der Region Helgeland. Als der mythische
Hestmannen, der Pferdemann, eine
Königstochter verfolgte, störte er
den Schlaf des Königs von Sømna-
fjell. Wütend warf der König seinen
Hut in die Luft. Vom Pfeil des Pfer-
demannes durchbohrt, verwandelte
sich der Hut bei Sonnenaufgang in
den Berg **Torghatten,** der seitdem
ein Loch hat. Wissenschaftler führen die Entstehung des 160 m langen und 35 m tiefen Lochs auf das
Meer und auf Frost zurück. › mehr
S. 16 Punkt 28 und › S. 11

Von Brønnøysund erreicht man
per Schiff auch die **Vega-Inseln** 6
⭐ 📖 D7, die seit 2004 Teil des
UNESCO-Weltkulturerbes sind, da
die Menschen hier in 1500 Jahren
mit ihrer Form der Landwirtschaft
und des Fischfangs eine besondere
Kulturlandschaft gestaltet haben.

Das **Eiderentenmuseum E-Hu-
set** in **Nes** auf der Hauptinsel führt
in die traditionelle Beherbergung
wilder Eiderenten und der Verar-
beitung der Federn ein (www.face
book.com/ehuset, Juni–Mitte Sept.
tgl. 12–16 Uhr).

Im Hafen des charmanten Küstenorts Brønnøysund legen auch die Hurtigruten-Schiffe an

HOTELS

Thon Hotel Brønnøysund €€
Komfortables Hotel mit 120 Zimmern
im Zentrum.
• Sømnaveien 98 | 8900 Brønnøysund
  Tel. 75 00 89 00 | www.thonhotels.no

Vega Havhotell €€
Kleines Hotel direkt am Wasser mit gras-
bewachsenen Dächern.
• Viksås | 8980 Vega
  Tel. 75 03 64 00 | www.havhotellene.no

INSEL ALSTEN 🚢 E6–7

Im Westen das blaue Meer, die weißen Strände und der unendliche
Horizont, im Osten die Bergspitzen
der **Sieben Schwestern** 7 🚢 E6
(*Sju Søstre*), der Sage nach einst
Töchter des Sulitjelma-Königs, die
sich auf der Flucht vor dem *Hestmannen,* dem Pferdemann, an dieser Stelle übermüdet niedersetzten
und, wie alle anderen Personen in
dieser Geschichte, zu Stein wurden,
als die Sonnenstrahlen die Erde be-
rührten. Egal, wie sie entstanden
sind, die beeindruckende Bergkette
auf der Insel östlich der Straße von
Alstahaug nach **Saltnessjøen** ragt
bis zu 1000 m aus dem Wasser und
bietet von allen Seiten einen wahr-
lich beeindruckenden Anblick. Sie
kann ohne Ausrüstung auf markierten Wegen bestiegen werden.

Am Südzipfel von Alsten, im
Städtchen **Alstahaug**, wirkte Pfar-
rer Petter Dass (1647–1707), der einzige berühmte norwegische Dichter
des 17. Jhs. Er schrieb Psalmen und
einfühlsame Gedichte. Sehenswert
sind die Kirche (mit Bauteilen aus
dem 13. Jh.), das Petter-Dass-Muse-
um im alten Pfarrhof und die rot
bemalten Häuser inmitten einer üp-
pigen Natur.

HOTEL

Scandic Syv Søstre €€€
Zimmer z. T. mit Bergblick, ambitioniertes
Restaurant und Tanzbar.
• Torolv Kveldulvsonsgate 16
  8800 Sandnessjøen | Tel. 75 06 50 00
  www.scandichotels.com/Hotels/Norway/
  Sandnessjoen/Syv-Sostre

SALTFJELL-SVARTISEN ⭐ 🚢 E–F6

Am Polarkreis beginnt die Gebirgslandschaft Saltfjell, deren Geheimnisse sich zwischen oder unter dem
Kalkgestein verbergen. Hunderte
von Grotten wurden hier entdeckt,
einige davon sind für Besucher er-
schlossen, etwa die **Grønligrotte,**
22 km nordwestlich von Mo i Rana
(www.gronligrotta.no, Mitte Juni bis
Mitte Aug. tgl. 10–18 Uhr, Führungen jede volle Stunde). Auch in die
Setergrotte kann man einsteigen.
Dies ist allerdings kein gemütlicher
Spaziergang, denn mit Helm und
Stirnlampe fühlt man sich in den
engen Gängen wie ein Höhlenfor-
scher (www.setergrotta.no, Ende Juni–Mitte Aug. Führungen tgl. um
15, im Juli auch um 11.30 Uhr).

Der nördlich der Industriestadt
Mo i Rana gelegene Gletscher **Svar-
tisen** 8 🚢 E6 mit bis zu 1594 m
Höhe ist der zweitgrößte des Landes
und Teil des Nationalparks Saltfjell-
Svartisen. Um den durch das tief

Am Ufer des Svartisvatn, auf der anderen Uferseite die Svartisen-Gletscherzunge Engabreen

eingeschnittene Glomdalen geteilten Gletscher zu besuchen, folgt man der gut 30 km nördl. von Mo i Rana von der E 6 nach Westen abzweigenden Straße bis zum **Svartisvatn**. Dieser kleine See kann mit einem Boot überquert werden. Dann sind es noch etwa 3 km Fußmarsch bis zur Eiskante. Die dunkle Färbung der Oberfläche verhalf dem Svartisen (Schwarzeis) zu seinem Namen.

📰 POLARKREIS-POST

»N-8242 Polarsirkelen« kennen Philatelisten als Poststempel. Das Polarkreiszentrum 📕 F6 an der E 6 ist Postamt und Souvenirladen. 650 m über dem Meer ist es das einzige Gebäude weit und breit. Ab hier herrscht arktische Natur. Hochspannungsleitungen strecken sich über karge Felsen, einsame Krüppelbirken stimmen melancholisch.

Der Campingplatz am **Saltdal Turistsenter** › unten ist ebenfalls ein guter Ausgangspunkt für die Erkundung des Nationalparks.

Lange Flusstouren durch dieses Gebiet sind wie ein Prolog zur Weiterfahrt durch Nordnorwegen: Man entdeckt seltene Pflanzen, Raubvögel und Rentiere zwischen Kalkfelsen und Hochmoor. Dazu gibt es Spuren früher samischer Besiedlung vor der Kulisse des mächtigen Svartisen-Gletschers.

INFO UND UNTERKUNFT

Mo i Rana Turistinformasjon
- O. T. Olsens gate 3 | 8622 Mo i Rana Tel. 75 01 80 00 | www.visithelgeland.com

Nordnes Camp & Bygdesenter €–€€
115 km nördlich von Mo i Rana direkt an der E 6; vermietet werden Hütten und Wohnmobilstellplätze; hier sind Lachsangeln und Rafting möglich.
- Nordnes | 8255 Røkland | Tel. 75 69 38 55 www.nordnescamp.no

BODØ 9 E5

Die nach dem Zweiten Weltkrieg wieder modern aufgebaute Stadt (52 000 Einw.) ist einer der Hauptverkehrsknotenpunkte von Nordland. Über die Geschichte der Region informiert das **Nordlandmuseum** (Prinsensgate 116, www.nordlandsmuseet.no, Juni–Aug. tgl. 11–16, sonst Mo–Fr 9–15 Uhr).

Historische Flugzeuge versammelt das **Luftfahrtmuseum** (Olav V gate, www.luftfart.museum.no, Mitte Juni–Mitte Aug. tgl. 10–18, sonst Mo–Fr 10–16, Sa, So 11 bis 17 Uhr).

Wer einen Seeadler sichtet, kann Mitglied des örtlichen **Seeadlerclubs** Havørnklubben werden (Infos unter www.havornklubben.no).

Ein herrlicher Blick auf die Lofotwand eröffnet sich vom rund 160 m hohen **Rønvikfjell** wenige Kilometer nördlich von Bodø. Noch ein Stückchen weiter nördlich schützt der 2010 ausgewiesene **Sjunkhatten Nationalpark** fast 420 km² Fjord- und Gebirgslandschaft.

Südlich von Bodø presst der weltgrößte Gezeitenstrom, der **Saltstraumen,** alle sechs Stunden riesige Wassermengen aus dem Meer in den inneren Teil des Saltfjords hinein und zieht sie wieder heraus.

INFO

Destinasjon Bodø
• Tollbugata 13 | 8001 Bodø
  Tel. 75 54 80 00
  www.visitbodo.com

HOTEL

Radisson Blu Hotel Bodø €€–€€€
Hochhaus mit Panoramablick, v. a. in den oberen Etagen. 190 moderne Zimmer im britischen, skandinavischen, japanischen und chinesischen Stil.
• Storgata 2 | 8001 Bodø
  Tel. 75 51 90 00
  www.radissonblu.com /hotel-bodo

RESTAURANT

Bryggerikaia €€
Außenterrasse mit Blick auf den Hafen.
• Sjøgata 1 | 8006 Bodø
  Tel. 75 52 58 08
  www.bryggerikaia.no

💬 DIE SKULPTURENLANDSCHAFT NORDLAND

Die Kunstwerke sind in der ganzen Region Nordland über rund 40 000 km verstreut und manchmal gar nicht so leicht zu finden. Die 35 Künstler aus aller Welt konnten sich die Standorte für ihre Werke selbst aussuchen, und die meisten haben sich für die Nähe zum Wasser entschieden. Um die 35 völlig unterschiedlichen Werke in der Weite Nordlands aufzuspüren, kauft man einen der Bildbände *Skulpturlandskap Nordland* in einem der örtlichen Touristenbüros oder schaut unter www.skulpturlandskap.no nach. Dann kann man sich z. B. auf der Lofoten-Insel Vestvågøy 📱 E4 auf die Suche nach dem Kopf machen, der auf einer kleinen Säule fern jedes Dorfes thront und beim Umrunden mehrmals auf fast magische Art und Weise die Form wechselt.

AUSFLUG ZUR INSEL KJERRINGØY 10 📘 F5

Verlässt man Bodø in nördlicher Richtung, kommt man nach 28 km zur Fähre, die auf die Insel übersetzt. Neben der einmaligen Natur lohnt hier das **Freilichtmuseum,** das aus einem ehemaligen Handelsplatz entstanden ist, einen Besuch (www.nordlandsmuseet.no, Mitte Mai–Ende Aug. tgl. 11–17, sonst Sa 11.30–15 Uhr). Hier erinnert noch vieles an den Dichter Knut Hamsun, in dessen Romanen immer wieder der Ort Sirilund auftaucht, der eine verblüffende Ähnlichkeit mit Kjerringøy besitzt.

LOFOTEN 11 ⭐ 📘 E4

Die Inselgruppe der Lofoten war schon im 19. Jh. ein beliebtes Reiseziel. Weil die Menschen hier seit langer Zeit von Fischerei und Handel leben, sind sie meist auch offener und leichter zugänglich als andere Norweger. Das wichtigste Plus dieser Inselgruppe ist die Natur; die Bergketten mit ihren spitzen Gipfeln, die sich im klaren Wasser des Nordmeeres spiegeln, ziehen schon seit Langem Dichter, Musiker und vor allem Maler an.

Von Weitem zeigt sich die »Svolvær-Ziege«. Das Wahrzeichen der Lofoten-Hauptstadt **Svolvær** ist einer von vielen Gipfeln auf den Lofoten. Der Ort selbst (4800 Einw.) bietet viele Verbindungen zu den Höhepunkten einer Lofoten-Reise, z. B. die Fährfahrt nach **Skrova** ⭐,

dessen rund 250 Einwohner vom Walfang leben. Die ehemalige Handelsniederlassung besteht aus mehreren, in einem offenen Viereck angelegten Gebäuden.

Und auch der Ausflug zum **Trollfjord** ⭐ gehört zu jedem Lofoten-Besuch. Die steilen Felswände lassen nur einen rund 100 m breiten Eingang frei. Im Innern öffnet er sich wieder und gibt den Blick auf eine spektakuläre Bergkulisse preis. Von Svolvær werden mehrmals täglich Fahrten angeboten.

Kabelvåg (2000 Einw.) ist bei der alljährlich zwischen Februar und April stattfindenden Lofot-Fischerei die Hauptstadt Nordnorwegens. Noch heute kommen viele Fischerboote dorthin, um im Vestfjord Kabeljau zu fischen, obwohl die Fangquoten drastisch gesunken sind.

Sehenswert sind die stattliche Holzkirche sowie das Lofotmuseum und das Aquarium (www.museum nord.no/lofotakvariet, Juni–Aug. tgl. 10–18, Mai tgl. 11–15, Febr.–Apr., Sept.–Nov. So–Fr 11–15 Uhr).

Nusfjord 12 11 📘 E4, Henningsvær, Ballstad, Napp, Mortsund und Stamsund – alle an der Ostseite der Inseln – sind die schönsten Fischerdörfer mit ihren bis zu 150 Jahre alten, restaurierten *rorbuer,* die heute überwiegend als Unterkünfte für Touristen dienen. Wer ein klassisches Lofoten-Motiv sucht, fährt am besten nach Nusfjord, denn dort rahmt den kleinen Hafen rund ein Dutzend roter *rorbuer* ein.

In **Henningsvær** werden in der von Frank Jenssen gegründeten **Galerie Lofotens Hus** u. a. Bilder des norwegischen Malers Karl Erik Harr ausgestellt (Tel. 91 59 50 83, www. galleri-lofoten.no, Juni–Aug. tgl. 9 bis 19 Uhr, sonst kürzer, Okt.–Jan. nur auf Anfrage).

Weiß, feinsandig und weitläufig erstreckt sich einer der schönsten Strände bei **Ramberg** – im Licht der Mitternachtssonne ein Traum. Das Wasser erreicht dagegen selten mehr als 12 °C und animiert nur die Mutigsten zu einem kurzen Bad. Ein Stück außerhalb des Ortes leuchtet die kleine Holzkirche aus dem 18. Jh. in kräftigem Rot.

Um 600 n. Chr. muss es in Borg auf der **Insel Vestvågøy** einen wichtigen Häuptlingssitz der Wikinger gegeben haben. Das gut 80 m lange und recht komfortabel eingerichtete Langhaus lässt vermuten, dass ein Wikingerhäuptling hier kein schlechtes Leben hatte. Nach Grabungsfunden aus der Eisenzeit wurde der große Wikingerhof des spannenden **Lofotr-Museums** rekonstruiert (Prestegårdsveien 59,

8360 Bøstad, www.lofotr.no, Juni bis Mitte Aug. tgl. 10–19, Mai, Mitte Aug.–Mitte Sept. tgl. 10–17, Febr. bis Apr., Mitte Sept.–Okt. Mo–Sa 12–16, Nov.–Jan. Mi, Sa 12–16 Uhr). Hier feiert man Anfang August ein **Wikingerfestival.**

An der Westseite der Inselkette war das Leben schon immer hart; unter der Wucht der Herbst- und Winterstürme gaben viele Menschen ihre Existenz auf. Geblieben sind einige kleine Siedlungen wie **Eggum, Unstad** oder **Utakleiv.** Die gewaltigen Berge erdrücken fast die wenigen bunten Häuser, für Ackerbau bleibt kaum Platz. Im Sommer zieht es Touristen wie Einheimische an die Strände an der Außenseite, denn hier versperrt nichts den Blick auf die Mitternachtssonne.

Unter dem Zacken des Olstind wird bei **Hamnøy,** einem der ältesten Lofoten-Dörfer, die letzte der unzähligen Brücken auf den Lofoten überquert. Auch hier stehen viele Trockenfischgestelle. Kleine Kut-

Der Hafen des zauberhaften Fischerdorfs Nusfjord mit den roten *rorbuer*

ter ankern am Kai mit der Fischhalle und den ausgebauten *rorbuer*.

Beim Ort **Å** endet die Straße. Hier kann man eine Raftingtour auf dem Gezeitenstrudel Moskenstraumen unternehmen (im Sommer tgl.) oder zum Lofotodden, der Südspitze der Inselgruppe spazieren. > mehr S. 16 Punkt **26** Das **Tørrfiskmuseum** in Å (im Sommer tgl. 10–17 Uhr) beleuchtet das wichtigste Exportprodukt der Lofoten: den Stockfisch.

Dahinter liegen nur noch die Inseln Værøy und Røst. Letztere wird v. a. wegen ihrer Vogelkolonien besucht. Dort stoppt die Fähre von Moskenes auf der Fahrt zum Festland nach Bodø.

INFO
Svolvær Turistinformasjon
- Torget 18
  8301 Svolvær
  Tel. 76 07 05 75
  www.lofoten.info

VERKEHR
- **Auto:** Angebunden über die Festlandsverbindung »Lofast«.
- **Bus:** Svolvær–Stamsund–Leknes–Å.
- **Fähren:** Bodø–Røst–Værøy–Moskenes, Bodø–Svolvær, Svolvær–Skutvik.
- **Flugplätze:** In Svolvær, Røst und Leknes (Flüge von Bodø; www.wideroe.no/en/Fly-to-LoVe).

UNTERKÜNFTE
Reine Rorbuer €€€
32 gut ausgestattete *rorbuer*. Restaurant in der Anlage.
- 8390 Reine i Lofoten | Tel. 76 09 22 22
  www.classicnorway.no/hotell/reine-rorbuer

Nusfjord Rorbuer €€–€€€
50 typische *rorbuer* direkt am Hafen, modern und komfortabel.
- 8380 Ramberg | Tel. 76 09 30 20
  www.classicnorway.no/hotell/nusfjord/

Lofoten Feriesenter €–€€
Rund 3 km vom Ortszentrum entfernt, bietet die Ferienanlage 14 Hütten, Haupthaus und einen Campinglatz.
- Leirskoleveien 15 | 8301 Svolvær
  Tel. 76 07 21 64
  www.lofoten-feriesenter.no

RESTAURANTS
Børsen Spiseri €€€
Rustikale Atmosphäre in einem ehemaligen Kaihaus vom Anfang des 19. Jhs. Typisch nordnorwegische Speisen.
- Gunnar Bergs vei 2 | 8300 Svolvær
  Tel. 76 06 99 30 | www.svinoya.no

Du Verden €€€
Mehrfach preisgekrönte Küche, vor allem Fischgerichte in bester Qualität.
- Torget 15 | 8300 Svolvær
  Tel. 76 07 09 75 | www.duverden.net

VESTERÅLEN 13 ◖ F3–4

Spätestens an der Brücke von der Insel Hinnøya hinüber nach Sortland auf der Vesterålen-Insel Langøya stehen schwierige Entscheidungen an: Jede kleine Straße führt ans Meer, jeder Fjord gilt als Perle – und in jedem Fischerdorf werden *rorbuer*, alte Boots- und Netzehäuser, als Ferienhäuser vermietet. Die Landschaft zeigt sich sanfter als auf den Lofoten, im Inselinnern gibt es ausgedehnte Moorgebiete. > mehr S. 15 Punkt **22**

Dass das Leben am Polarkreis hart und risikoreich sein kann, zeigt das ehemalige Fischerdorf **Nyksund** an der Nordwestspitze der Insel Langøya: Es ist eines von vielen verlassenen Fischerdörfern in Nordnorwegen. In den 1980er-Jahren stieß ein Berliner ein Projekt an, den Ort mit einer internationalen Stiftung zu retten – heute leben hier wieder einige Menschen dauerhaft; im Ort gibt es einfache Übernachtungsmöglichkeiten und ein Café.

INFO

Andøy Turistinformasjon
• Kong Hans gate 8 | 8483 Andenes
Tel. 76 14 12 03
http://visitandoy.info

VERKEHR
• **Fähre:** Mehrmals wöchentlich zwischen Andenes und Gryllefjord.
• **Flugplätze:** In Stokmarknes und Andenes (Flüge von Bodø; www.wideroe.no/en/ Fly-to-LoVe)

CAMPING
Stave Camping €€
Einfache Hütten am Strand, Walsafaris und andere Angebote.

• 8489 Nordmela (auf Andøya)
Tel. 92 60 12 57
www.stavecamping.no

STEIGEN 15 📕 F5

Der 8 km lange Steigen-Tunnel nördlich von Fauske führt in ein arktisches Märchenland westlich der Pulsader E 6. Den Weg wert ist allein schon der atemberaubend schöne Blick von Steigen hinüber zur Lofoten-Wand.

Sehr stolz sind die Einwohner von Steigen darauf, dass hier schon im Altertum viel los war – und dass die Spuren davon noch heute gut zu sehen sind: Grabhügel, Bautasteine (hohe aufrechte Wegesteine) und Wikingersiedlungen.

HAMARØY 16 📕 F4

Die kleine Insel Hamarøy, von der E 6 ab Ulvvåg über die Straße 81 zu erreichen, bietet eine ähnlich spektakuläre Kulisse wie die Lofoten, nur kommen hierher noch nicht so viele Besucher.

Hamarøy ist das Reich von Knut Hamsun, denn hier erinnert so man-

---

🐋 WALSAFARI IN ANDENES

Andenes 14 📕 F3 im Norden der Insel Andøya hat sich wegen der Walbeobachtungstouren eine ständige Besucherschar gesichert. Im Walzentrum erfahren Besucher vor jeder Tour alles Wissenswerte über die Meeresriesen, danach geht es aufs Schiff, einen alten Walfänger. Oft ist die See vor Andenes aufgewühlt, und so mancher hat deshalb schwer mit der Seekrankheit zu kämpfen. Walsichtungen werden garantiert, auch im Winter.
Infos im Zentrum beim Leuchtturm | Tel. 76 11 56 00 | www.whalesafari.no
Hauptsaison ist von Ende Mai–Mitte Sept.; Safaris auch im Winter > S. 52.

ches an Norwegens Literaturnobelpreisträger (1920), z.B. das ehemalige Wohnhaus seiner Familie im Hauptort Oppeid. Über Hamsuns Leben und Werk informiert das architektonisch spektakuläre **Hamsunsenteret** in Presteid (www.hamsunsenteret.no, Juni–Mitte Aug. tgl. 10–18, sonst Di–Fr 10–15.30, Sa, So 11–17 Uhr, Jan. geschl.).

In **Tranøy** trägt die Galerie des Nordlandmalers Karl-Erik Harr den Namen des Dichters. Den Leuchtturm von Tranøy in der Gezeitenzone erreicht man über eine lange Brücke zu Fuß. Das beliebte Ausflugsziel bietet ein Restaurant-Café und einfache Übernachtungsmöglichkeiten im Leuchtturmwärterhäuschen (Tel. 99 70 44 99, www.tranoyfyr.no, Mitte Mai–Sept.).

HOTEL
Edvardas Hus €€
Kleines Familienhotel in zwei Holzhäusern. Liebevoller Service; das Dinner sollte man sich unbedingt gönnen.
• 8297 Tranøy | Tel. 75 77 21 82
  www.edvardashus.no
  Mitte Juni–Mitte Aug., sonst auf Anfrage

NARVIK 17 ‖ G4

Um diese Stadt (19 000 Einw.) dreht sich ein eigenes Kapitel der europäischen Geschichte. Darum beginnt ein Spaziergang am besten an den riesigen **Erzverladeanlagen.**

Zu besuchen ist dann das **Kriegserinnerungsmuseum** – der eisfreie Hafen, die mühevolle Arbeit mit dem Bau der Bahnlinie, die Schlacht um die Stadt 1940, die weite Teile

Narviks in Asche legte (Kongensgate 39, https://narviksenteret.no, tgl. 10–16 Uhr).

Vor dem Museum präsentiert sich die moderne Stadt als ein Wirtschaftszentrum Nordnorwegens und bekannter Alpinsportort. Eine Seilbahn führt zum Gipfel des Aussichtsbergs **Fagernesfjell,** 656 m über der Stadt.

Als Abschluss bietet sich eine Fahrt mit der **Ofot-Bahn** an – bis zur schwedischen Grenze sind es etwa 45 Min., bis Kiruna in Schweden 2 Std.. Auf der Fahrt zieht eine ebenso großartige wie raue Landschaft vorbei.

INFO
Visit Narvik
• Kongensgate 41–43 | 8515 Narvik
  Tel. 76 96 56 00
  www.visitnarvik.com

VERKEHR
• **Bahn:** Nur nach Kiruna in Schweden, dort Anbindung an das schwedische Eisenbahnnetz.

UNTERKÜNFTE
Breidablikk Gjestehus €€
Im Zentrum gelegene Pension, Zimmer mit modernem Design.
• Tore Hundsgate 41 | 8514 Narvik
  Tel. 76 94 14 18 | www.breidablikk.no

Scandic Hotel Narvik €€
Mit 17 Stockwerken eines der höchsten Gebäude Nordnorwegens. Großartige Aussicht!
• Kongensgate 33 | 8501 Narvik
  Tel. 76 96 14 00
  www.scandichotels.com

DER NORDEN

Die Stahlringe der Weltkugel,
Wahrzeichen des Nordkaps, stellen
die Längen- und Breitengrade dar

Die unendliche Nordkalotte bis hinauf zum Nordkap ist fast menschenleer, die wenigen Städte liegen meist an der Küste. Nur die Samen trotzen den Mücken auf der Finnmarksvidda, dem rund 22.000 km² großen Hochplateau im Landesinnern.

Die meisten Besucher, die in den Norden Norwegens kommen, fahren zum Nordkap-Felsen hoch, sehen mit etwas Glück zwischen Mitte Mai und Ende Juli die Mitternachtssonne und fahren wieder ab.

Das ist schade, denn das Gebiet ist abwechslungsreich und böte viel mehr: Nordnorwegen umfasst die Finnmarksvidda, die zerklüftete Eismeerküste und all die Orte, die noch immer von der Politik der verbrannten Erde während des Zweiten Weltkriegs geprägt sind – Hammerfest mit seiner Hafenbucht zum Beispiel musste nach dem Krieg ganz neu aufgebaut werden.

Das Klima ist extrem: Im Sommer kann es an manchen Tagen richtig warm werden (über 25 °C), dann stechen die Riesenmücken, doch manchmal rollt das Nordlicht schon im Oktober über die dann bereits eisig kalte Vidda.

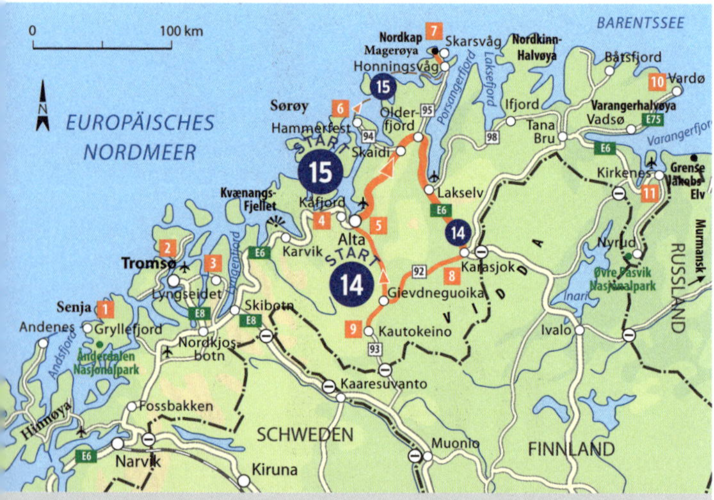

TOUREN IM NORDEN

TOUR 14

IM LAND DER SAMEN

Alta › Lakselv › Karasjok › Kautokeino › Alta

TOUR 15

VON HAMMERFEST ZUM NORDKAP

Hammerfest › Honnigsvåg › Nordkap › Honningsvåg › Hammerfest

TOUREN IN DER REGION

TOUR 14

IM LAND DER SAMEN

ROUTE: Alta > Lakselv > Karasjok >
Kautokeino > Alta

KARTE: Seite 162
DAUER: 3 Tage
PRAKTISCHER HINWEIS:
• Wer noch nicht am Nordkap war,
  kann in Olderfjord von der E 6 ab-
  biegen und zum nördlichsten Punkt
  Europas fahren. Dafür sollte man
  einen Tag zusätzlich einrechnen.

TOUR-START:

Auf der E 6 fährt man von **Alta** 5
> S. 166 bis Lakselv, einer kleinen
Siedlung am Südende des Porsan-
gerfjords. Hier biegt die E 6 ins Landesinnere ab, nach rund 1 Std. Fahrzeit ist **Karasjok** 8 > S. 168 erreicht,
wo man im Kultur- und Erlebniszentrum Sápmi viel über die samische Bevölkerung erfahren kann.
Von Karasjok nach **Kautokeino** 9
> S. 169 sind es ca. 130 km – erst auf
der Straße 92, dann auf der 93 durch
die fast menschenleere Finnmarksvidda. Kautokeino ist im Grunde der
einzige Ort Norwegens, in dem man
noch häufig Samen in ihrer traditionellen Tracht sieht. Von Kautokeino
geht es dann auf der Straße 93 durch
die Vidda zurück nach Alta.

TOUR 15

VON HAMMERFEST ZUM NORDKAP

ROUTE: Hammerfest > Honningsvåg >
Nordkap > Honningsvåg > Hammerfest

KARTE: Seite 162
DAUER: 2 Tage
PRAKTISCHE HINWEISE:
• Abfahrt der Hurtigruten-Schiffe in
  Hammerfest tgl. 6 Uhr, Ankunft
  Honningsvåg 11.15 Uhr; Abfahrt
  Honningsvåg tgl. 5.45 Uhr, Ankunft
  Hammerfest 12.45 Uhr.
• Ab Honningsvåg gibt es einen Bus
  zum Nordkap (www.nordkapp.no)

TOUR-START:

Von **Hammerfest** 6 > S. 167 geht es
per Schiff in etwa 5 Std. nach Honningsvåg. Von Honningsvåg ist das
Nordkap 7 > S. 168 dann noch rund
30 km entfernt. Nach einer Übernachtung in Skarsvåg > S. 168 besteigt man am frühen Morgen wieder ein Schiff der Hurtigrute und ist
mittags zurück in Hammerfest.

VERKEHRSMITTEL

• Die Hurtigrute > S. 24 kommt als Transportmittel tgl. zur Geltung. Jeder Ort ist
  auch mit dem Bus zu erreichen und fast
  jeder an das inländische Flugnetz angebunden. Tromsø dient als Drehscheibe.

UNTERWEGS IM NORDEN

INSEL SENJA 1 F–G3

Rund 65 km nördlich von Narvik › S. 160 zweigt in Fossbakken (E 6) eine dieser herrlichen Fjordstrecken nach Nordwesten (Straße 84) ab – zur Insel Senja. Sie ist die größte, schönste und blühendste Insel Nordnorwegens. Die Wärme des Golfstroms lässt eine üppige Vegetation gedeihen. Die reiche Flora steht im **Nationalpark Ånderdalen** im Inselinnern unter Schutz. Und auch wenn das Meer hier nie komfortable Badetemperatur erreicht, sind doch die Sandstrände von Senja einen Besuch wert – z. B. für Spaziergänge im Licht der Mitternachtssonne.

UNTERKUNFT

Finnsnes Motell & Camping €–€€
Anlage am Riksvei 86 mit 11 Motelzimmern, 12 Hütten, großem Campingplatz und einfachem Restaurant, .
• Botnhågen
  9301 Finnsnes
  Tel. 77 84 54 65
  www.finnsnesmotell.com
  Ganzjährig geöffnet

TROMSØ 2 ⭐ 📖 G3

Tromsø (76 000 Einw.) hat die nördlichste Universität der Welt und vieles mehr, was es nördlich dieser Stadt nicht mehr gibt. Doch wichtiger ist, dass die Sonne hier im Jahresdurchschnitt genauso oft scheint wie auf Mallorca, dass die »weißen Nächte« von Leben erfüllt sind und der Fisch wie seit Jahrhunderten frisch angelandet wird. In feuchtkalten Januarnächten stehen ein internationales Kino- und ein Musikfestival auf dem Programm, im Sommer werden Mack-Bier und Möweneier, Küstenkultur und fröhliche Mittsommernachtsfeste geboten. Deshalb ist es auch richtig, nicht nur vom »Tor zum Eismeer«, sondern auch vom »Paris des Nordens« zu sprechen. Tromsø ist der Fläche nach die größte Stadt Norwegens, doch Handel und das kulturelle Leben konzentrieren sich auf einer kleinen Insel im Tromsøsund. Seit Ende des 19. Jhs. starteten viele Expeditionen von Tromsø aus in die Arktis. Eine große Attraktion ist das wie aus riesigen, übereinandergeschobenen Eisschollen gebaute **Erlebniszentrum Polaria,** das sich mit einem Panoramakino, einem Aquarium, einer »Wanderung durch die Polarwelt« sowie Ausstellungen zur Polarforschung ganz der polaren Welt widmet (Hjalmar Johansensgata 12, www.polaria.no, Mitte Mai bis Aug. tgl. 10–19, sonst tgl. bis 18 Uhr). Ein kleines, pädagogisch gut gestaltetes Museum ist das sehenswerte **Polarmuseum.** Zentrales Thema ist die Eismeerfischerei, und dem Polarforscher Roald Amundsen, der 1928 von Tromsø zu seiner letzten Reise aufgebrochen war, ist eine Ausstellung gewidmet (Søndre Tollbodgate 11, https://uit.no/tmu/polarmuseet, Mitte Juni–Mitte Aug. tgl. 9–18, sonst 11–17 Uhr).

Form und Farben der elfgiebeligen **Eismeerkathedrale** jenseits des Tromsøsunds symbolisieren die dunkle Jahreszeit und das Nordlicht. Europas größtes Glasgemälde (140 m²) nimmt die gesamte Ostwand ein. Kunstinteressierten sei auch der Besuch der **Universität** im Stadtteil Breivika empfohlen. Auf dem Campus des gelungenen Komplexes fasziniert das »Labyrinthen«.

Einen fantastischen Blick über die Stadt und die Sunde erhält man vom Hausberg **Storsteinen**.

Die Eismeerkathedrale in Tromsø

INFO
Tromsø Turistinformasjon
• Kirkegata 2 | 9253 Tromsø
  Tel. 77 61 00 00 | www.visittromso.no

HOTELS
Scandic Ishavshotel €€€
Spektakulärer Ausblick aus fast jedem Zimmer und ein gutes Restaurant.
• Fredrik Langesgate 2
  9008 Tromsø | Tel. 77 66 64 00
  www.scandichotels.com

AMI Hotel €€
Zentrumsnahes Bed & Breakfast.
• Skolegata 24 | 9008 Tromsø
  Tel. 77 62 10 00 | www.amihotel.no

Viking Hotell €€
Modernes Bed & Breakfast.
• Grønnegata 18–20 | 9008 Tromsø
  Tel. 77 64 77 30 | www.vikinghotell.no

Tromsø Bed & Books €
4 Zimmer im über 100 Jahre alten Fischer-, 5 Zimmer im Schriftstellerhaus.
• Strandvegen 45 + 84 | 9007 Tromsø
  Tel. 77 02 98 00 | www.bedandbooks.no

CAMPING
Tromsø Lodge & Camping €–€€
Stellplätze und 53 Hütten unterschiedlicher Ausstattung; am Fluss gelegen.
• Arthur Arntzens veg 10
  9020 Tromsdalen | Tel. 77 63 80 37
  https://tromsolodgeandcamping.no

RESTAURANTS
Emmas Drømmekjøkken €€€
Klein und gemütlich; Restaurant in der 1. Etage, auf der Straßenebene geht's im »Under« unkompliziert zu, kleiner Raum »Kammerset« in der 2. Etage. Am Wochenende Reservierung ratsam. > mehr S. 15 Punkt **18**
• Kirkegata 8 | 9253 Tromsø
  Tel. 77 63 77 30
  www.emmasdrommekjokken.no
  So geschl.

Fiskekompaniet €€€
Hochgelobtes Fischrestaurant mit traditioneller, aber auch moderner Zubereitung.

- Killengrens gate | 9007 Tromsø
  Tel. 77 68 76 00
  www.fiskekompani.no

Gründer Café & Bar €€
Beliebtes Café im Hotel Scandic Grand
Tromsø; abends lebhafte Bar.
- Storgaten 44 | 9008 Tromsø
  Tel. 93 00 28 74 | www.scandichotels.com

Vertshuset Skarven €−€€
Recht groß und stets gut besucht, trotzdem urgemütlich. Im Skarven Kro gibt es
das beste Bier (von der Mack-Brauerei).
- Strandtorget 1 | 9008 Tromsø
  Tel. 77 60 07 20 | www.skarven.no

NIGHTLIFE
Rorbua
Das Pub im Hotel Radisson Blue Tromsø ist
ein beliebter Treffpunkt. Mi−Sa mit Musik.
- Sjøgata 7 | 9008 Tromsø
  Tel. 77 75 90 05

Studentsamfunnet driv
Café, Bar und Rockkonzerte in einem Teil
der alten Mack-Brauerei.
- Storgata 6 | 9008 Tromsø
  Tel. 77 60 07 63 | https://driv.no

💬 OBSERVATORIUM

Im 19. Jh. war Kåfjord **4** ◨ J2
ein wichtiger Bergwerksort,
heute leben dort nur noch etwa
150 Menschen. Hier beginnt der
Weg zum alten **Nordlichtobser-
vatorium** auf dem 904 m hohen
Berg Gille Haldde. Allein der
Weg lohnt die Anstrengung der
dreistündigen Wanderung, denn
die Aussicht ist fantastisch.

LYNGEN-ALPEN ◨ G/H2−3

Wer nur einen Blick aus der Ferne
auf die Lyngen-Alpen werfen möchte, hat dazu von der E6 aus genügend Gelegenheit, denn über rund
100 km führt diese Straße am Ostufer des Lyngnefjords entlang: Aus-
sichtspunkte und Parkplätze eröffnen ein grandioses Alpenpanorama.

Um die Lyngen-Halbinsel mit
ihren gezackten, bis zu 1800 m hohen und teils vergletscherten Gipfeln aus der Nähe kennenzulernen,
nimmt man am besten von Older-
dalen am Ostufer des Lyngenfjords
die Fähre und setzt zum kleinen Ort
Lyngseidet 3 ◨ H3 über.

VERKEHR
- **Fähre:** Olderdalen-Lyngseidet, etwa alle
  90 Min., Dauer 40 Min.

UNTERKUNFT
Svensby Tursenter €−€€
Hütten und Zimmer nahe am Fähranleger
von Svensby am Ullsfjord, Straße 91.
- 9064 Svensby | Tel. 91 70 99 36
  www.svensbytursenter.no

ALTA **5** ◨ J2

Alta (knapp 21 000 Einw.) fungiert
als Schmelztiegel samischer und
norwegischer Kultur. Der Fluss Alta
zählt zu den besten Lachsflüssen
des Landes, die Angelplätze am Ufer
sind entsprechend teuer. Bootsaus-
flüge führen zum 500 m tiefen und
mehrere Kilometer langen **Alta Can-
yon,** dem größten in Nordeuropa.

Hjemmeluft 12 ◨ J2 südlich
des Zentrums ist das größte Fels-

Hammerfest ist Zentrum der Insel Kvaløya

bilderfeld nördlich von Italien, ein einmaliges Monument frühmenschlicher Kultur. In einem Landschaftspark kann man auf einem 5 km langen Pfad nahezu 3000 Ritzungen aus der Stein-, Eisen- und Bronzezeit bewundern; sie zeigen den gesamten Bilderbogen des damaligen menschlichen Lebens. Die obersten Felder sind mehr als 6000 Jahre alt. Die UNESCO setzte die Felsritzungen auf ihre Weltkulturerbeliste (Altaveien 19, www.altamuseum.no, Mitte Mai–Mitte Juni tgl. 8–17, Mitte Juni–Mitte Aug. tgl. 8–20, sonst Mo–Fr 9–15, Sa, So 11–16 Uhr).

INFO

Alta Turistinformasjon
• Bjørn Wirkolas vei 11 | 9510 Alta
  Tel. 78 44 50 50 | www.visitalta.no

HOTELS

Sorrisniva AS €€€
15 km außerhalb des Zentrums bietet Norwegens größtes Eishotel von Mitte Dez. bis Ende März rund 30 Zimmer.

• Sorrisniva 20 | 9518 Alta
  Tel. 78 43 33 78 | www.sorrisniva.no

Gargia Fjellstue €€
Einsam gelegenes Fjellhotel 25 km südlich von Alta in der Nähe des Alta Canyons. DZ und Hütten unterschiedlicher Standards.
• Gargiaveien 96 | 9518 Alta
  Tel. 78 43 33 51 | www.gargialodge.com

HAMMERFEST 6 ▮ J2

Das im Zweiten Weltkrieg fast vollständig zerstörte und modern wiederaufgebaute Hammerfest (10 600 Einw.) gilt als nördlichste Stadt der Welt, obwohl Honningsvåg auf Magerøya nochmal knapp 40 km weiter nördlich ihr diesen Superlativ zunehmend streitig macht.

Viel schöner als der Ort Hammerfest an einer für die Wirtschaft bis heute wichtigen Hafenbucht ist die Fahrt dorthin über die Straße 94. Tiefblau schimmert hier das Wasser des lachsreichen Flusses Repparfjordelva und des Kvalsund, wo am

Straßenrand oft zahme Rentiere pausieren. Über den Serpentinenweg im Zentrum des kleinen Ortes steigt man auf den Hausberg **Salen,** von dem man einen herrlichen Panoramablick genießt.

Seit einiger Zeit herrscht Aufbruchstimmung im Ort, denn die Ausbeutung des riesigen Erdgasfeldes »Schneewittchen« vor der Küste wird von Hammerfest aus geleitet.

INFO

Hammerfest Turistinformasjon

• Havnegate 3 | 9600 Hammerfest
  Tel. 78 41 21 85 | www.visithammerfest.no

HOTEL

Scandic Hammerfest €€

Modernes Business- und Stadthotel im Zentrum mit Blick aufs Meer.

• Sørøygata 15 | 9600 Hammerfest
  Tel. 78 42 57 00 | www.scandichotels.com

NORDKAP 7 ⭐ 📖 J1

Auf 71° nördlicher Breite liegt der berühmteste Felsen Norwegens auf der Insel Magerøya, die über Brücken und Tunnel ans Festland angebunden ist. Der 6,8 km lange, mautfreie Nordkaptunnel führt in 212 m Tiefe hinunter und hat ein Gefälle bzw. eine Steigung von bis zu 10 %.

Bei schlechtem Wetter betrachtet man den Fels durch die Fenster des Erlebniszentrums **Nordkapphallen** und kann sich mit Multivisionsshows, Shops, Restaurants, Postamt und Ausstellungen trösten (www.nordkapp.no). Bei schönem Wetter ist der Ausblick vom 300 m hohen kahlen Felsplateau aufs Eismeer ge-

waltig und bleibt trotz des Rummels unvergesslich. › mehr S. 16 Punkt ㉙

Bei den Fischern des winzigen Ortes **Skarsvåg** oberhalb der Häuser zu sitzen und über das Meer zu blicken ist Erholung pur.

HOTEL/RESTAURANT

Nordkapp Turisthotell €€

30 einfache Zimmer, 14 km vom Nordkap entfernt; das Restaurant serviert exzellente Fischgerichte.

• 9763 Skarsvåg | Tel. 94 20 43 39
  www.nordkappturisthotell.no

CAMPING

BaseCamp North Cape €–€€

Stellplätze für Wohnmobile und Zelte, 26 Hütten in arktischer Landschaft.

• 9763 Skarsvåg | Tel. 90 96 06 48
  www.basecampnorthcape.com

KARASJOK 8 📖 K3

Hier tagt das samische Parlament, und im modernen **Kultur- und Erlebniszentrum Sápmi** gleich nebenan wird viel samisches Kulturgut (auch im Restaurant) vermittelt (www.visitsapmi.no, Mitte Juni bis Mitte Aug. tgl. 9–19 Uhr, sonst kürzer). Und Wechselausstellungen samischer Gegenwartskunst präsentiert das **Samisk Kunstnersenter** (Di–Fr 10–16, Sa, So ab 11 Uhr).

HOTEL/RESTAURANT

Scandic Karasjok €€

Modernes Haus mit traditionellen samischen Elementen. Das Restaurant serviert samische Gerichte.

• Leavnnjageaidnu 49 | 9730 Karasjok
  Tel. 78 46 89 00 | www.scandichotels.com

KAUTOKEINO 9 📖 J3

Mit fast 10 000 km² ist Kautokeino die größte Gemeinde Norwegens. Hier leben nur 3000 Menschen, dafür aber rund 100 000 Rentiere. 85 % der Bevölkerung sprechen Samisch, ein Drittel arbeitet in der Rentierzucht. Es gibt eine samische Hochschule, eine Schule für Rentierzucht und das einzige samische Theater. Beim berühmten Osterfestival, bei dem die bunten samischen Trachten zu bewundern sind, gibt es Joik-Konzerte und die Weltmeisterschaft im Rentierschlittenrennen (www.samieasterfestival.com).

INFO
Kautokeino Turistinformasjon
• Bredbuktnesveien | 9520 Kautokeino
  Tel. 78 48 65 00 | www.kautokeino.nu
  https://nordnorge.com/de

SHOPPING
Juhls Silver Gallery
In dem sehr ansprechenden Gebäude etwas außerhalb des Zentrums kann man feinsten samischen Silberschmuck erwerben. ⏵ mehr S. 17 Punkt 36
• Galaniittuluodda | 9521 Kautokeino
  Tel. 78 48 43 30 | www.juhls.no
  Tgl. 9–18, im Juli bis 20 Uhr, 24.12.–3.1. und 1.5.–17.5. geschl.

VARDØ 10 📖 L1

In der östlichsten Stadt Norwegens auf einer Nordmeerinsel, die ein Untersetunnel mit dem Festland verbindet, endet die E 75. Die größte Sehenswürdigkeit ist die achteckige **Festung**, die im 18. Jh. errichtet

wurde (Mitte April–Mitte Sept. tgl. 10–21, sonst bis 18 Uhr).

INFO
Vardø Turistinformasjon
• Havnepromenaden | 9951 Vardø
  Tel. 78 98 69 07 | www.visitvardo.com

KIRKENES 11 📖 L2

Kirkenes ist der Wendepunkt der Hurtigrute, die Barentssee liegt vor der Haustür, und immer mehr Menschen entdecken die herrliche Landschaft rings um die Stadt. Manche fahren zum **Øvre Pasvik Nationalpark** ⏵ S. 50, viele aber machen nur einen Ausflug an die russische Grenze. Zwischen krummen Birken zieht der Jakobsfluss dem Meer entgegen, an den Ufern sitzen Lachsangler.

INFO
Kirkenes Turistinformasjon
• Dr. Wesselsgate 16 | 9900 Kirkenes
  Tel. 78 97 17 77 | www.visitkirkenes.no

UNTERKÜNFTE
Kirkenes Snowhotel €€€
Von Weihnachten bis Ende April steht das Hotel, dann schmilzt die eisige Pracht. Ein teures, aber einmaliges Vergnügen!
• Sandnesdalen 14 | 9910 Bjørnevatn
  Tel. 78 97 05 40
  www.snowhotelkirkenes.com

Øvre Pasvik Café & Camping €
Im Nationalpark Øvre Pasvik, 90 km von Kirkenes entfernt. Auch Hütten, Kanu- und Fahrradverleih.
• Vaggetem (am RV 885) | 9925 Svanvik
  Tel. 95 91 13 05 | http://pasvikcamping.no
  Mitte April–Mitte Okt.

EXTRA-TOUREN

Auf der Straße 7 über Europas größte
Hochebene, die Hardangervidda

TOUR
16

IN ZWEI WOCHEN ZU DEN HIGHLIGHTS DES SÜDENS

ROUTE: Oslo > Kongsberg > Notodden > Haugesund > Stavanger > Mandal > Kristiansand > Arendal > Risør > Oslo

---

KARTE: Klappe hinten

DISTANZEN: **Oslo** > **Kongsberg** 80 km; **Kongsberg** > **Notodden** 30 km; **Notodden** > **Haugesund** 350 km; **Haugesund** > **Stavanger** 80 km; **Stavanger** > **Mandal** 190 km; **Mandal** > **Kristiansand** 40 km; **Kristiansand** > **Arendal** 70 km; **Arendal** > **Risør** 50 km; **Risør** > **Oslo** 240 km; Gesamtstrecke ca. 1130 km.

VERKEHRSMITTEL: Für diese Tour ist ein eigener Wagen das geeignetste Fortbewegungsmittel. Er gibt Flexibilität für zahlreiche Abstecher, z. B. zu versteckten Stränden und kleinen Küstenorten. Nördlich von Stavanger wird der Boknafjord mit einer Fähre überquert, danach folgen einige mautpflichtige Straßenabschnitte. Wer mit öffentlichen Verkehrsmitteln unterwegs ist, muss im Vorfeld gut planen und vor allem mehr Zeit einkalkulieren. Zwischen Oslo und Kongsberg kann man die Bahn nehmen, für den Rest bietet sich der Bus an.

Nach einem Ausflug ins Landesinnere und in die Geschichte Norwegens führt diese Tour fast nur am Meer entlang. Am ersten Tag geht es von **Oslo** › S. 69 in die alte Bergwerksstadt **Kongsberg** › S. 87. Hier kann man mit einem Zug in die Silbergruben von Saggrenda einfahren. Am nächsten Tag führt die Tour zunächst nach Notodden, eine Industriestadt. Wenige Kilometer westlich davon liegt die imposante Stabkirche Heddal › S. 88, die mit fünf Stockwerken die größte Stabkirche Norwegens ist.

Nach deren Besichtigung geht es über die E 134 durch die hügeligen Wälder der Telemark in Richtung Westen. Allmählich wird die Landschaft bergiger und geht schließlich in das typisch norwegische Fjell über. Hier bieten sich Möglichkeiten für viele Abstecher und Wanderungen, z. B. in **Haukeligrend** › S. 89, das am Rande der **Hardangervidda** › S. 129 liegt und sich zum Übernachten für ein bis zwei Tage anbietet.

Dann lässt man das Gebirge hinter sich und fährt über die E 134 bis nach Haugesund und **Stavanger** › S. 97 – diese Strecke bietet Panoramen vom Feinsten: Mit der Fähre geht es über den Boknafjord, anschließend über Brücken und Tunnel durch eine wild zerklüftete Fjordlandschaft. Stavanger, Ölmetropole und Boomtown, überrascht um den Hafen mit einem sehenswerten Altstadtviertel.

Die zweite Woche gestaltet sich als Panoramatour entlang der Südküste und bietet Zeit für Strand- und Badetage. Bis **Kristiansand** › S. 93 ist die Küste meist felsig, danach überwiegen in Richtung Oslo die Sandstrände. Strahlend weiße, gepflegte Küstenstädtchen wie **Grimstad** › S. 92, **Tvedestrand** › S. 92, **Lyngør** › S. 92, Arendal oder **Risør** › S. 92 zeugen vom früheren Reichtum und sind heute beliebte Sommerfrischeorte. Die gut ausgebaute E 18 führt nun am Westufer des immer enger werdenden Oslofjords zurück in die Hauptstadt Oslo.

ᵀᴼᵁᴿ
17

ZWEI WOCHEN FJORDE UND FJELLS

ROUTE: Oslo › Hønefoss › Geilo › Kinsarvik › Kvanndal › Bergen › Voss › Flåm › Fjærland › Stryn › Ålesund › Dombås › Fagernes › Hønefoss › Oslo

KARTE: Klappe hinten
DISTANZEN: **Oslo** › **Hønefoss** 60 km; **Hønefoss** › **Geilo** 180 km; **Geilo** › **Kinsarvik** 120 km; **Kinsarvik** › **Bergen** 115 km; **Bergen** › **Voss** 110 km; **Voss** › **Flåm** 65 km; **Flåm** › **Fjærland** 45 km; **Fjærland** › **Stryn** 60 km; **Stryn** › **Ålesund** 140 km; **Ålesund** › **Dombås** 225 km; **Dombås** › **Fagernes** 210 km; **Fagernes** › **Hønefoss** 130 km; **Hønefoss** › **Oslo** 60 km; Gesamtstrecke ca. 1520 km.
VERKEHRSMITTEL: Eine Fahrt mit öffentlichen Verkehrsmitteln ist nicht empfehlenswert, sie wäre zu teuer und zu zeitraubend. Autofahrer müssen sich auf einige Fährpassagen einrichten, so wird beispielsweise zwischen Kinsarvik und Kvanndal der Hardangerfjord überquert. Auch der Aurlandfjord wird mit einer Fähre überwunden; für viele Reisende ein absoluter Höhepunkt.

Majestätische Fjorde, die alte Hansestadt Bergen, aber auch baumlose Fjells sorgen auf dieser Tour für viel Abwechslung. Durch die weitläufigen Vororte **Oslos** › S. 69 geht es in Richtung Hønefoss und über die Straße 7 durch das Hallingdalen nach **Geilo** › S. 131, einen der bekanntesten Wander- und Wintersportorte an den Ausläufern der **Hardangervidda** › S. 129 und Hallingskarvet › S. 131, das sich für die erste Übernachtung anbietet.

Hinter Geilo beginnt der zweite Tag mit einer der spektakulärsten Hochgebirgsstraßen Norwegens (Straße 7), die bis weit über die Baumgrenze führt und immer wieder Möglichkeiten für Wanderungen eröffnet. Auch einer der schönsten Wasserfälle, der **Vøringfossen** › S. 130, liegt direkt an der Straße. Danach geht es in Serpentinen hinunter zu den Ausläufern des

Hardangerfjords, der vor allem im späten Frühjahr mit seinen blühenden Obstbaumplantagen einen Kontrast zum baumlosen Fjell und den schneebedeckten Gipfeln bietet. Hier lässt sich ein Tag mit einer Wanderung durch das **Husedalen** › S. 111 oder zum **Buarbreen** › S. 110 verbringen.

Für eine oder zwei Übernachtungen bietet sich das Dorf **Lofthus** › S. 111 an, bevor man in **Kinsarvik** › S. 111 die Fähre nach Kvanndal besteigt. In **Bergen** › S. 105 kann man auf den Spuren der Hanse wandeln und die erste Woche der Tour beenden.

Dann geht es auf nach **Voss** › S. 113, wo man bei einem Aktivreiseveranstalter eine Rafting- oder Klettertour buchen kann. Am nächsten Tag führt die Fahrt nach Flåm. Für die Weiterfahrt wählt man zwischen einer Fährpassage auf dem engen Aurlandsfjord, der Fahrt mit der **Flåmbahn** › S. 114 hinauf ins Gebirge, oder aber man nimmt die kleine Gebirgsstraße nach Lærdalsøyri – in jedem Fall sind spektakuläre Ausblicke garantiert. Es gibt noch eine weitere Alternative, dorthin zu gelangen: den Lærdalstunnel. Mit 24,5 km ist er der längste Straßentunnel der Welt, der sogar ohne Maut benutzt werden darf.

Fjærland, am Fuß des **Jostedalsbreen** › S. 116, eröffnet jede Menge Möglichkeiten für Unternehmungen in die Gletscherwelt. Kurvig und mit Aussicht geht es weiter zur Jugendstilstadt **Ålesund** › S. 120, wo sich eine Übernachtung anbietet, und dann durch das spektakuläre Romsdalen mit der rund 1000 m senkrecht abfallenden Trollwand *(Trollveggen)* als Höhepunkt.

Die Speicherhäuser von Bergen in der Nähe des Fischmarkts

Dombås › S. 140 schließlich liegt an der Schnittstelle von drei Gebirgen: **Dovrefjell** › S. 140, **Rondane** › S. 139 und **Jotunheimen** › S. 133. Hier eröffnen schon kurze Abstecher Möglichkeiten für Wanderungen ins Gebirge. Auf dem Weg von Dombås nach Oslo wird am letzten Tag noch das Jotunheimen-Gebirge auf der Straße 51 durchquert, die ihren höchsten Punkt bei 1389 m hat und zu den schönsten Straßen Norwegens gehört.

IN VIER WOCHEN VON OSLO ZUM NORDKAP UND ZURÜCK

ROUTE: Oslo › Lillehammer › Trondheim › Mosjøen › Mo i Rana › Narvik › Alta › Honningsvåg › Nordkap › Alta › Bodø › Grong › Steinkjer › Trondheim › Støren › Røros › Tynset › Elverum › Eidsvoll › Oslo

KARTE: Klappe hinten
DISTANZEN: **Oslo** › **Lillehammer** 170 km; **Lillehammer** › **Trondheim** 360 km; **Trondheim** › **Mosjøen** 390 km; **Mosjøen** › **Mo i Rana** 90 km; **Mo i Rana** › **Narvik** 420 km; **Narvik** › **Alta** 510 km; **Alta** › **Honningsvåg** 210 km; **Honningsvåg** › **Nordkap** 35 km; **Nordkap** › **Alta** 245 km; **Alta** › **Bodø** 810 km; **Bodø** › **Grong** 575 km; **Grong** › **Steinkjer** 85 km; **Steinkjer** › **Trondheim** 120 km; **Trondheim** › **Røros** 155 km; **Røros** › **Oslo** 300 km; Gesamtstrecke ca. 4475 km.
VERKEHRSMITTEL: Für die große Norwegenrundfahrt bis zum Nordkap – die man am besten mit dem eigenen Wagen in Angriff nimmt – sind vier Wochen Zeit das Minimum, sonst verbringt man den gesamten Urlaub im Auto und hat kaum Zeit für Ausflüge und Abstecher. Besonders zeitintensiv ist der Abschnitt zwischen Bodø und Grong entlang der Küste wegen der zahlreichen Fähren.

Von der Hauptstadt **Oslo** › S. 69 geht es zuerst in die Olympiastadt **Lillehammer** › S. 137. Hier ist ein Besuch des **Freilichtmuseums Maihaugen** › S. 136 Pflicht. Am nächsten Tag führt die E6 durch das breite **Gudbrandsdalen** › S. 136, eine der ältesten Kulturlandschaften Norwegens. Jenseits von **Dombås** › S. 140 wird das **Dovrefjell** › S. 140 mit Panoramablick auf die mehr als 2000 m hoch aufragenden Gipfel der **Snøhetta** › S. 140 überquert, bevor es nach **Trondheim** › S. 147 geht, das wieder am Fjord liegt und die meisten Besucher wegen des prächtigen Nidarosdoms › S. 149 anlockt. Von der Fahrstrecke ist zwar noch nicht einmal die Hälfte geschafft, aber die Besiedlung wird dünner und die Tage werden – zumindest im Sommer – immer länger.

Ein Moschusochse im kargen Dovrefjell-Gebirge

Am Polarkreis nahe Mo i Rana, der ab Oslo nach ungefähr einer Woche erreicht ist, wird es im Sommer nicht mehr dunkel. **Saltfjell** und **Svartisen-Gletscher** › S. 153 zählen zu den Höhepunkten der Tour in der Nähe des Polarkreises.

Von dort führt die Fahrt in der zweiten Woche über **Narvik** › S. 160 nach **Alta** › S. 166, wo man sich Zeit nehmen sollte, die uralten Felsritzungen von **Hjemmeluft** › S. 167, ausgezeichnet als UNESCO-Weltkulturerbe, mit Ruhe und Muße ausgiebig zu besichtigen. Auf dem Weg zum **Nordkap** › S. 168 gibt es keine größeren Orte mehr, kaum ein Haus stört den Blick auf die Weite der arktischen Landschaft. Der Nordkap-Felsen schließlich, beeindruckende 300 m über dem Nordmeer, ist gleichermaßen riesiger Souvenirshop wie faszinierendes Naturschauspiel.

Der Rückweg, für den man auch ohne Besichtigungen eine Woche rechnen sollte, führt vom Nordkap über Alta zurück nach Narvik; hier kann man sich entscheiden, ob man Norwegen den Rücken kehrt und über Schweden zurückfährt oder in Norwegen bleibt und ab **Bodø** › S. 155 den RV 17 entlang der Küste bis nach Grong nimmt: eine lohnende Alternative, die allerdings mindestens vier Tage Zeit erfordert, weil eine Reihe von Fährüberfahrten auf der Strecke liegen. Südlich von Trondheim biegt man bei Støren von der E 6 ab und gelangt bald zur alten Kupferstadt **Røros** › S. 142, ebenfalls UNESCO-Weltkulturerbe. Durch das **Østerdalen** › S. 141, eine waldreiche Mittelgebirgslandschaft, führt die Fahrt über **Eidsvoll** › S. 135 zurück nach Oslo.

INFOS VON A–Z

ÄRZTLICHE VERSORGUNG

Arztstationen *(Legevakt)* findet man in Städten und größeren Dörfern. Mit der Europäischen Krankenversicherungskarte bezahlt man einen kleinen Eigenanteil. Auf jeden Fall ist eine Auslandsreisekrankenversicherung ratsam.

ALKOHOL

Alkohol ist in Norwegen sehr teuer. Leichtbier gibt's im Supermarkt, Wein und Spirituosen werden nur in den staatlichen Geschäften *(Vinmonopolet)* verkauft, die in ländlichen Gebieten oft weit voneinander entfernt liegen.

AUTOFAHREN

Um große Städte, vor langen Brücken, Tunneln und zum Teil an Passstraßen wird eine Gebühr verlangt. Infos unter www. autopass.no/de/mautstrassen oder www. vegvesen.no/en/home. Die Promillegrenze liegt bei 0,2. Tempolimits: Wohngebiete 30 km/h, geschl. Ortschaften 50 km/h, außerhalb 80 km/h. Bei Geschwindigkeitsüberschreitungen drohen hohe Bußgelder. Abblendlicht auch am Tag!

BARRIEREFREIES REISEN

Die Norwegische Staatsbahn sowie viele Hotels und Campingplätze sind auf Reisende mit Handicaps eingestellt.

DIPLOMATISCHE VERTRETUNGEN

- **Deutsche Botschaft:** Oscarsgate 45, 0258 Oslo, Tel. 23 27 54 00, www.oslo. diplo.de; Honorarkonsulate gibt es in Ålesund, Bergen, Bodø, Kirkenes, Kristiansand, Stavanger, Tromsø und Trondheim.
- **Österreichische Botschaft:** Thomas Heftyes gate 19–21, 0264 Oslo, Tel. 22 54 02 00, www.bmeia.gv.at/oeb-oslo

- **Schweizer Botschaft:** Oscars gate 29, 0352 Oslo, Tel. 22 54 23 90, www.eda. admin.ch/oslo

EINREISE

EU-Bürger und Schweizer benötigen einen Pass oder Personalausweis, der noch mindestens 2 Monate gültig ist.

ELEKTRIZITÄT

Netzspannung: 220 V Wechselstrom.

FEIERTAGE

- 1. Januar (Neujahr)
- Palmsonntag
- Gründonnerstag (Geschäfte ab Mittwoch 14 Uhr geschlossen)
- Karfreitag, Ostersonntag, -montag
- 1. Mai (Tag der Arbeit)
- 17. Mai (Nationalfeiertag)
- Christi Himmelfahrt
- Pfingstsonntag, Pfingstmontag
- Weihnachten (25. und 26. Dezember)

GELD UND WÄHRUNG

Norwegen ist nicht Mitglied der Europäischen Währungsunion, Währungseinheit ist die Norwegische Krone (NOK) = 100 Øre. Es gibt Scheine zu 1000, 500, 100 und

---

💬 URLAUBSKASSE

• Tasse Cappuccino:	3–5 €
• Softdrink (Cola, Wasser):	3–4 €
• Glas Bier (0,4 l):	8 €
• *Polser im Lomper* (Wurst im Kartoffelpfannkuchen):	4 €
• Kugel Eis:	2,50–3 €
• Taxifahrt (ca. 12 km):	30 €
• Mietwagen/Tag (billigste Kategorie)	ab 70 €

50 Kronen. Bis zu 25 000 NOK können ohne Zollanmeldung ein- und ausgeführt werden. Kreditkarten sind gängige Zahlungsmittel.

Wechselkurs (Stand: Oktober 2018):
1 € = 9,54 NOK; 1 CHF = 8,36 NOK; 10 NOK = 1,05 €/1,19 CHF

HAUSTIERE

Haustiere müssen einen Chip tragen und benötigen u. a. eine Impfung gegen Tollwut sowie eine Behandlung gegen Fuchsbandwurm. Es wird der EU-Heimtierpass verlangt; alle erforderlichen Dokumente müssen unaufgefordert beim Zoll vorgelegt werden (Details und Infos: www.mattilsynet.no).

INFORMATIONEN

- Visit Norway
  Caffamacherreihe 5, D-20355 Hamburg
  Tel. 0180/500 15 48
  www.visitnorway.de

MEHRWERTSTEUER

Für Waren aus einem der 3000 Tax-Free-Geschäfte wird ab einem Wert von 315 NOK (285 NOK bei Lebensmitteln) bei Vorlage eines ausgefüllten Formulars die Mehrwertsteuer i. H. v. 20 % bzw. 14 % bei der Ausreise zurückerstattet. Die Waren müssen verpackt und versiegelt sein! Weitere Infos unter https://premiertaxfree.com/how-shop-tax-free/norway.

NOTRUFNUMMERN

- Feuerwehr: Tel. 110
- Polizei/Rettungszentrale: Tel. 112
- Krankenwagen/medizinische Nothilfe: Tel. 113
- Pannenhilfe *(Viking):* Tel. 0 60 00

ÖFFNUNGSZEITEN

- **Geschäfte:** Mo–Fr 9/10–16/17, Do bis 18/20, Sa 9–13/15 Uhr.
- **Banken:** Mo–Fr 8.15–15.30, Do teilweise bis 17 Uhr.

- **Museen, Sehenswürdigkeiten und Restaurants:** Hier variieren die Öffnungszeiten stark zwischen Sommer und Winter. Einige Attraktionen oder Restaurants sind nur in der Sommersaison geöffnet. Erkundigen Sie sich vor einem Besuch, ob geöffnet ist.

POST UND INTERNET

Karten und Briefe ins europäische Ausland kosten 18 NOK, weltweit 22 NOK (Economy). Internetcafés gibt es in größeren Städten, die meisten Hotels und Restaurants bieten WLAN.

RAUCHVERBOT

In allen öffentlichen Räumen (auch Restaurants und Kneipen) sowie in allen Verkehrsmitteln besteht Rauchverbot.

SHOPPING

Seit mehr als 100 Jahren bieten die Husfliden-Läden landesweit beste Qualität für Souvenirs. In Oslo: Glasmagasinet, Stortorvet 9, Tel. 22 42 10 75, www.glasmagasinet.no, Mo–Fr 10–19, Sa bis 18 Uhr.

TELEFON UND HANDY

Telefonkarten (*telekort*) gibt es bei den Kiosken des Narvesen-Konzerns (mit stilisiertem N auf dem Dach). Münzfernsprecher nehmen 1-, 5-, 10- und 20-Kronen-Münzen an. Die GSM 900 und GSM 1800 Mobilfunknetze sind gut ausgebaut, in dünn besiedelten Gebieten nicht immer. Infos unter: www.teltarif.de. In Norwegen gibt es keine Ortsvorwahl, alle Telefonnummern sind achtstellig. **Internationale Vorwahlen:** Norwegen 0047, Deutschland 0049, Österreich 0043, Schweiz 00 41.

ZOLLBESTIMMUNGEN

Erlaubte Einfuhr für Reisende ab mind. 20 Jahren: 1 l Spirituosen (bis 60 Vol.-%) plus 1,5 l Wein (bis 22 Vol.-%) oder 3 l Wein oder 5 l Bier; 200 Zigaretten oder 250 g Tabak.

REGISTER

BILDNACHWEIS

Coverfoto Nusfjord auf Flakstadøy, Lofoten, Norwegen © AWL Images/Mackie, Tom
Fotos Umschlagrückseite Shutterstock/Vlada Z. (links); Getty Images/Hjort, Hakan (Mitte); Huber Images/Gräfenhain (rechts)

Alamy/Jansson, Bo: 139; Alamy/Folio Images: 70; Alamy/Kuttig-Travel: 83; Fotolia/andreslebedev: 167; Fotolia/Andrushk, Galyna: 34; Fotolia/Incredible Arctic: 47; Fotolia/tsuguliev: 120; Fotolia/Tupungato: 157; Getty Images/DanitaDelimont.com/Norrsell, Fredrik: 36/37; Getty Images/Greuel, Jörg: 73; Getty Images/Hjort, Hakan: 161; Getty Images/Lonely Planet Images/Leue, Holger: 149; Getty Images/WIN-Initiative: 143; GlowImages/Deposit Photos: 140; GlowImages/Grüner, Günter: 88; Huber Images/Bernhart: 31; Huber Images/Gräfenhain: 8-2, 42/43, 115, 154; Huber Images/Huber, Hans-Peter: 124; Huber Images/Kaos02: 58; Huber Images/Merten, Hans-Peter: 129; Huber Images/Mezzanotte, Susy: 108; Huber Images/Mirau, Rainer: 23; Huber Images/Stefano, Cellai: 71; Huber Images/Taylor, Richard: 64/65; Husfrua Gårdshotell: 32; laif/Aurora/Azel, Jose: 113; laif/Galli: 53, 68; laif/Harscher, Reiner: 24; laif/hemis: 41; laif/hemis/Gardel, Bertrand: 66; laif/Linkel, Thomas: 170; laif/Modrow, Jörg: 79; mauritius images/age: 61; mauritius images/Alamy/Ramsay, Alex: 137; mauritius images/Westend61: 122; Nowak, Christian: 8-1, 28, 117; Shutterstock/Armyagov, Andrey: 152; Shutterstock/Bildagentur Zoonar GmbH: 90; Shutterstock/Fotos593: 25; Shutterstock/Gozitano: 17; Shutterstock/Harding, Ben: 16; Shutterstock/Hauge, Jostein: 19; Shutterstock/Harvepino: 63; Shutterstock/hpbdesign: 151; Shutterstock/Kolbjornsrud, Kjetil: 50; Shutterstock/Leonte, Alis: 45; Shutterstock/Mark, Oleksiy: 173; Shutterstock/mihaiulia: 99; Shutterstock/Miko, Jan: 6/7; Shutterstock/Molina Grande, David: 77; Shutterstock/Nanisimova: 15, 55, 59; Shutterstock/Nicram, Sabod: 9, 13; Shutterstock/Pasic, Amra: 104; Shutterstock/Pecold: 135; Shutterstock/Plotnikov, Igor: 132; Shutterstock/ressormat: 14; Shutterstock/Ritz O.C.: 18; Shutterstock/S-F: 20/21; Shutterstock/Tupungato: 93; Shutterstock/Varentsov, Mikhail: 165; Shutterstock/Varga, David: 27; Shutterstock/Vlada Z: 118; Shutterstock/Yuriy, Brykaylo: 10; stock.adobe.com/Feel good studio: 100; stock.adobe.com/Matthias: 175; stock.adobe.com/nanisimova: 123; stock.adobe.com/Nightman1965: 98; stock.adobe.com/Reiner, Rudi : 51; stock.adobe.com/Tupungato: 110; stock.adobe.com/Yvann K: 97.

Liebe Leserin, lieber Leser,
wir freuen uns, dass Sie sich für diesen POLYGLOTT on tour entschieden haben.
Unsere Autorinnen und Autoren sind für Sie unterwegs und recherchieren sehr gründlich,
damit Sie mit aktuellen und zuverlässigen Informationen auf Reisen gehen können.
Dennoch lassen sich Fehler nie ganz ausschließen. Wir bitten Sie um Verständnis, dass der
Verlag dafür keine Haftung übernehmen kann.

Ihre Meinung ist uns wichtig. Bitte schreiben Sie uns:
GRÄFE UND UNZER VERLAG
Postfach 86 03 66, 81630 München, Tel. 0 89 / 419 819 41
www.polyglott.de

LESERSERVICE
polyglott@graefe-und-unzer.de
Tel. 0 800 / 72 37 33 33 (gebührenfrei in D, A, CH), Mo-Do 9-17 Uhr, Fr 9-16 Uhr

1. Auflage 2019

© 2019 GRÄFE UND UNZER VERLAG GmbH,
München
Dieses Buch wurde auf chlorfrei gebleichtem
Papier gedruckt.
ISBN 978-3-8464-0389-1

**Bei Interesse an maßgeschneiderten
B2B-Editionen:**
gabriella.hoffmann@graefe-und-unzer.de

Bei Interesse an Anzeigen:
KV Kommunalverlag GmbH & Co KG
Tel. 089/928 09 60
info@kommunal-verlag.de

Verlagsredaktion: Anne-Katrin Scheiter
Autoren: Christian Nowak, Jens-Uwe Kumpch
und Reinhard Ilg
Redaktion: Karen Dengler, Werkstatt München
Bildredaktion: Nina Saller
Mini-Dolmetscher: Langenscheidt
Umschlaggestaltung & Layout:
Independent Medien Design, München
Horst Moser (Artdirection), Lucie Heselich
Karten und Pläne: Theiss Heidolph
und Kunth Verlag GmbH & Co. KG
Satz: uteweber-grafikdesign
Herstellung: Anna Bäumner
Druck und Bindung:
Printer Trento, Italien

PEFC/18-31-506

GRÄFE
UND
UNZER

Ein Unternehmen der
GANSKE VERLAGSGRUPPE

MINI-DOLMETSCHER NORWEGISCH

ALLGEMEINES

Guten Morgen	God morgen [guh**morn**]
Guten Tag	Morn [morn] Hei! [häj]
Guten Abend	God kveld [guh**kwell**]
Hallo!	Hei! [häj]
Wie geht's?	Hvordan går det? [**wur**dan gohr de]
Danke, gut.	Takk bare bra. [takk **bah**re brah]
Ich heiße ...	Jeg heter ... [jäj **heh**ter]
Auf Wiedersehen!	Ha det! [hah de]
Morgen	morgen [**mo·**orn]
Nachmittag	ettermiddag [**etter**middag]
Abend	kveld [kwell]
Nacht	natt [natt]
morgen	i morgen [**imo·**orn]
heute	i dag [**idahg**]
gestern	i går [**igohr**]
Sprechen Sie Deutsch / Englisch?	Snakker du tysk / engelsk? [**snakk**er du tüsk / **engel**sk]
Wie bitte?	Hva sa du? [wa ßah dü]
Ich verstehe nicht.	Jeg skønner ikke. [jäj **schön**ner **ikke**]
Sagen Sie es bitte noch einmal.	Vær så snill å si det en gang til. [**währ** ßo snill o ßih de ehn gang **till**]
danke	takk [takk]
Keine Ursache.	Ingen årsak. [**ingen ohr**ßak]
was / wer / welcher	hva / hvem / hvilken [wah / wem / **wilk**en]
wo / wohin	hvor / hvorhen [wur / **wurhen**]
wie / wie viel	hvordan / hvor mye [**wur**dan / wur **müe**]
wann / wie lange	når / hvor lenge [norr / wur **leng**e]
Wie heißt das?	Hva heter det? [wa **heh**ter de]
Wo ist ...?	Hvor er ...? [wur ehr]
Können Sie mir helfen?	Kan du hjelpe meg? [kan dü **jel**pe mäj]
ja	ja [jah]
nein	nei [näj]
Entschuldigen Sie.	Unnskyld. [**ünn**schüll]
Das macht nichts.	Det gjør ikke noe. [de **jöhr ik**ke nue]

SHOPPING

Wo gibt es ...?	Hvor får man kjøpt ...? [wur fohr mann chöpt]
Wie viel kostet das?	Hva koster det? [wa **koster** de]
Ich nehme es.	Jeg tar det. [jäj **tahr** de]
Wo ist eine Bank?	Hvor er det en bank? [wur ähr de en bank]
Geben Sie mir 1kg Äpfel.	Kan jeg få en kilo epler. [kan jäj foh en **chih**lu **epp**ler]
Haben Sie deutsche Zeitungen?	Har dere tyske aviser? [hahr dehre tüske avihßer]
Wo kann ich telefonieren?	Hvor kan jeg telefonere? [wur kan jäj telefunehre]
Wo kann ich eine Telefonkarte kaufen?	Hvor kan jeg kjøpe et telefonkort? [wur kan jäj **chöh**pe et telefuhnkort]

ESSEN UND TRINKEN

Die Speisekarte, bitte.	Kan jeg få menyen, takk. [kan jäj foh menüen takk]
Brot	brød [bröh]
Kaffee	kaffe [**kaffe**]
Tee	te [teh]
mit Milch / Zucker	med melk / sukker [meh melk / ßukker]
Orangensaft	appelsinjuice [appelßihnjüs]
Mehr Kaffee, bitte.	Litt kaffe til, takk [litt **kaffe** til takk]
Suppe	suppe [ßüppe]
Fisch	fisk [fisk]
Lachs	laks [laks]
Meeresfrüchte	skalldyr [**skall**dyr]
Fleisch	kjøtt [chött]
Geflügel	fugl [fühl]
vegetarische Gerichte	vegetariske retter [wegetariske **ret**ter]
Eier	egg [egg]
Salat	salat [sa**laht**]
Dessert	dessert [dess**ähr**]
Obst	frukt [frükt]
Eis	is [ihs]
Wein	vin [wihn]
Bier	øl [öll]
Wasser	vann [wann]
mit / ohne Kohlensäure	med / uten kullsyre [meh / ühten **küll**ßühre]
Mineralwasser	mineralvann [minera**hl**wann]
Ich möchte bezahlen.	Kan jeg få regningen? [kann jäj foh **rej**ningen]
Es war sehr gut.	Det smakte godt. [deh ßmakte gott]

MEINE ENTDECKUNGEN

....

....

....

....

....

....

....

....

....

....

....

....

....

....

....

....

....

....

....

Teilen Sie Ihre Entdeckungen auf facebook.com/Polyglottreisewelt.

CHECKLISTE NORWEGEN

Nur da gewesen oder schon entdeckt?

☐ **KUNST IN DER NATUR – SKULPTUREN AUFSPÜREN**
Seine Lieblingsskulptur aus der einzigartigen Sammlung in der Weite des Nordlands finden. › S. 57

☐ **EISIGE ZUNGEN ERKUNDEN**
Geführte Gletscherwanderungen gibt es in allen Schwierigkeitsgraden und vermitteln ein unvergleichliches Naturerlebnis. › S. 13

☐ **TRAUMURLAUB BEI DR. HOLMS**
Egal, zu welcher Jahreszeit Sie im Dr. Holms Hotel einchecken, das traumhaft schöne Hotel liegt in einer traumhaft schönen Berglandschaft. › S. 40

☐ **UNTERWEGS SEIN MIT DER HUSKY-MEUTE**
Unvergesslich bleibt eine Hundeschlittentour durch die norwegische Winterlandschaft. › S. 12

☐ **SAUNIEREN IM OSLOFJORD**
Der Sprung ins kalte Nass aus der schwimmenden Sauna aus Treibholz mit Blick auf das Osloer Opernhaus ist so schnell nicht zu toppen. › S. 13

☐ **VOLLKOMMENE HARMONIE ERLEBEN**
Dem Zauber der Mitternachtssonne an einem Strand auf den Vesterålen-Inseln erliegen. › S. 15

☐ **SPEKTAKULÄRE FOTOMOTIVE**
Der Kjeragbolten, der in einen Felsspalt eingekeilte große Stein, ist ein tolles Fotomotiv. Richtig spektakulär wird es, wenn eine Person auf ihm steht. › S. 130

☐ **MOLTEBEEREN**
Das »Arktische Gold« ist mit seinem einzigartigen Geschmack eine höchst begehrte Delikatesse. › S. 15

> **💬 MITBRINGSEL**
>
> - **Fossheim Steinsenter:** Wunderschöne Mineralien für jeden Geldbeutel › S. 17
> - **Samenmesser:** Auswahl und Qualität sind bei Knivsmed unübertroffen › S. 16